AF900542

HARDPRESS.NET
HOME OF HARD-TO-FIND BOOKS

Histoire De La Ville De Vevey Et De Son Avouerie

by Frédéric Charles Jean De Gingins La Sarraz

Copyright © 2019 by HardPress

Address:
HardPress
8345 NW 66TH ST #2561
MIAMI FL 33166-2626
USA
Email: info@hardpress.net

417077

HISTOIRE

DE LA

VILLE DE VEVEY

ET DE SON AVOUERIE

DEPUIS SON ORIGINE JUSQU'AU XIVe SIÈCLE

SUIVIE D'UNE

NOTICE SUR LA BARONNIE DU CHATELARD ET DE MONTREUX

DES

TABLES GÉNÉALOGIQUES DES SIRES DE LA MAISON D'ORON
ET D'UN PLAN DE VEVEY AU MOYEN AGE

PAR

M. F. DE GINGINS-LA-SARRA

Président honoraire de la Société d'histoire de la Suisse romande.

BIBLIOTH DE LA VILLE DE LYON

LAUSANNE
IMPRIMERIE GEORGES BRIDEL

1863

NOTICE PRÉLIMINAIRE.

DU Ier AU XIIe SIÈCLE.

Il est fort douteux que la ville de *Vevey* soit d'origine *gauloise*, ainsi que l'ont supposé plusieurs historiens vaudois du dernier siècle. L'existence de cette jolie ville ne paraît pas remonter au-delà de l'établissement des Romains dans l'Helvétie.

Après avoir dompté et réuni aux provinces de l'empire les peuplades des Alpes *Grœyes* et *Pennines* (l'an 27 avant J.-C.) Auguste fit ouvrir ou élargir de nouvelles voies de communication militaires et commerciales entre l'Italie et le revers septentrional des Alpes. L'une de ces grandes voies partait de *Mediolanum* (Milan), traversait le col du Grand St. Bernard, et, après avoir atteint la tête du lac Léman, elle se divisait en deux branches, dont l'une se dirigeait vers le nord sur *Avenches* [1], ville principale de l'Helvétie, et l'autre tendait

[1] La route Romaine passait par Corsier, Attalens, Oron, Promassens, *Bromagus*. (Voyez la *Carte des routes romaines* de M. R. Blanchet.)

vers l'ouest en cotoyant le bord *septentrional* du lac et la rive *droite* du Rhône jusqu'à *Lyon*. L'endroit où cette route se partageait en *deux* embranchements, se trouvait situé tout proche de la porte occidentale de la ville actuelle de Vevey ou du grand pont jeté sur la Veveyse. Les endroits où *deux* ou plusieurs grands chemins de l'empire venaient à se rencontrer, étaient chez les Romains l'objet d'un culte particulier et consacrés à des divinités champêtres, distinguées sous les noms de **Bivies, Trivies** et **Quatrivies.** Ce culte est constaté par des monuments lapidaires et des inscriptions qui portent en abrégé **Bivis, Tribuis** et **Quadrubiis** [1], répondant au latin **Bis viæ** et au français *deux chemins*.

— Il n'est pas besoin d'un grand effort d'imagination pour tirer de cette circonstance l'origine du nom de la ville de Vevey.

Les itinéraires romains nomment cet endroit **Bibiscum** et **Vibiscum** [2];

La Table *Theodisiène*, **Viviscum,** et le Géographe de *Ravenne*, **Bibiscon** [3]. Or on sait que les lettres B et V se mettent fréquemment l'une pour l'autre dans la plupart des idiomes *néo*-latins [4].

Ce lieu, désigné primitivement sous le nom qualificatif de **Biviis** ou **Bivis,** étant devenu une station romaine *(Man-*

[1] Bochat, tom. 11, pag. 428. Inscriptions de Salavaux. P. Mommsen *Inscript. helvet.* titul. 157, 158.

[2] Itin. Anton. *Vibisco Bibisco* in Mss. — Wesseling, pag. 353.)

[3] *Anonym. Ravenn.*, liv. IV. pag. 191. « Ubi autem locum, qui Caput Laci vocatur, prætergressus, Bivium, quo itinera in Franciam ducentia dirimuntur, attigit; dexteriorem viam ingressus per Alamannorum fines. ..» (Ex transla. Beat. Martyr. Sancti Marcellini et Sancti Petri, N° 827, § 14. — Eginhardi opera. Edit. A. Teulat. Paris, 1843. tom. XI, pag. 202.)

[4] Voir Rob. Etienne. *Thes. ling latin.;* Du Cange, *Gless. littera B.*

sio, Mutatio), autour de laquelle se groupèrent bientôt un certain nombre d'habitations rustiques, on ajouta au nom de la localité celui de *Vicus*, bourg, village : ce qui donnait les deux mots **Bivis Vicus**, lesquels littéralement traduits en français signifièrent *Bourg* situé *à la rencontre de deux chemins*.

De ces deux mots simples se forma avec le temps le nom composé de *Vibiscum*, *Viviscum* (1011), *Vivesium* (1017) en latin, et en français *Vevey* [1].

La grande voie militaire qui mettait en communication directe l'Italie avec l'Helvétie et les Gaules par les *Alpes Pennines* (Grand St. Bernard) et la vallée du Rhône, fut construite entre les années 12 et 6 avant la naissance de Jésus-Christ [2] après l'incorporation définitive des peuplades alpines à l'empire d'Auguste.

Les *Vibères*, les *Sedunois*, les *Veragres* et les *Nantuates* formèrent entre elles, sous le nom des IV cantons de la *Vallée Pennine*, une nouvelle province intermédiaire entre l'Helvétie et la Cisalpine ; le territoire des Nantuates [3], dont le bourg de St. Maurice (*Tarnaya*) était le chef-lieu, se prolongeait du sud au nord depuis la cascade du *Triant*, des deux côtés du Rhône et sur la rive droite du lac Léman jusqu'à la *Salance*.

[1] M. de Bochat croyait retrouver le nom de Vevey dans celui des *Vivisci*, peuple *gaulois* des environs de Bordeaux ; mais cette ressemblance entièrement fortuite ne suffirait point pour démontrer que la *ville* de Vevey existait dans la période gauloise, d'autant moins que les *pilotis* découverts sur l'emplacement occupé par la station romaine montrent que celle-ci avait été fondée sur un terrain antérieurement recouvert par les eaux du lac. (Voir Levade, *Dict. du cant. de Vaud*, pag. 332.

[2] Inscription votive à l'empereur Auguste à St Maurice. (Mommsen, *l. cit.* tit. 15.)

[3] Du *celte* ou ancien *irlandais Thuath*, gens, peuple et *nant*, cascade, *alto desiliens aqua*.

La colonne milliaire découverte naguère à *Gléroles* proche de St. Saphorin à la *Vaux*, qui date de l'an 47 de l'ère chrétienne, porte le chiffre de XXXVII mille pas romains, qui se rapporte à la distance du *Forum Augusti* (Martigny), chef-lieu de la province de la *Vallée Pennine* [1] et non pas à celle d'Avenches, *Aventicum*, capitale de l'*Helvétie* romaine.

On doit conclure de ce fait que le ci-devant bailliage de *Chillon*, ou le district actuel de *Vevey*, qui s'étend depuis la *Tinière* près de Villeneuve jusqu'à la *Salence* qui coule près de St. Saphorin, faisait partie du territoire des *Nantuates*.

Les limites respectives des évêchés d'*Avenches* et de *Sion* n'ayant pu être fixées définitivement qu'au IV ou Ve siècle de notre ère [2], le district de Vevey demeura jusque vers cette époque compris dans le ressort du gouverneur, *prætor*, de la province des *Alpes Pennines* résidant à *Octodurum*, le *Forum Claudii Augusti* des Romains, aujourdhui Martigny-la ville.

Sur toutes les principales routes militaires, les Romains construisirent de distance en distance divers bâtiments servant de *station* ou de *gîte* où les troupes en marche trouvaient logement pour la nuit, nourriture et les moyens de transport nécessaires pour continuer leur route. La distance d'un gîte (*mansio*) à l'autre, était communément de dix-huit à vingt-cinq mille pas romains, ou *six* à *huit lieues* de pays, cette distance formant l'*étape* ou la journée de marche ordinaire des cohortes romaines [3]. Dans les endroits où

[1] T. Mommsen, *l. cit.* titul. N° 311.

[2] Voir F. L. de Haller, *l'Helvét. sous les Romains*, Part. 11, pag, 232 et P. Mommsen, *loc. cit.* titul. N° 10 ; Leu, *Dict. de la Suisse*, tom. XVIII, pag. 515.

[3] Le *mille* romain étant de 1478 mètres, il en fallait trois et $^1/_4$ environ pour faire une lieue suisse de 4800 mètres ou 16000 pieds.

deux ou plusieurs routes venaient à se croiser et où il y avait lieu de changer de moyens de transport ou de direction. on établissait un relai intermédiaire (*mutatio*) pour les besoins du service des courriers, des voyageurs ou des légionnaires. L'un de ces relais intermédiaires se trouvait à *Tarnaya* (St. Maurice) entre les stations (*mansio*) d'*Octodurum* et de *Pennelocus* (Villeneuve), à l'endroit où s'opérait le passage du Rhône, soit aux environs de Massongi. L'autre relai *(Mutatio)* fut placé à Vevey (*Biviscum*), à *neuf mille* pas de *Pennelocus*, à cause de la bifurcation de la route militaire qui se divisait en deux branches, se dirigeant l'une sur Avenches par Moudon, l'autre sur Lyon par Lausanne.

Le bourg (*vicus*) romain de Vevey se développa rapidement, grâce au passage nombreux de troupes romaines, qui, de l'Italie se rendaient soit dans la Belgique, soit dans la Gaule Lyonnaise, et au transit des marchandises qui suivaient cette double destination. La station romaine paraît avoir occupé principalement la partie orientale de la ville actuelle depuis l'endroit où fut bâtie l'église de *Ste. Claire* et le Collège, jusqu'au ruisseau de l'*Ognonas* et même au delà jusqu'à *Baugy*. C'est dans ces quartiers, ainsi que dans le grand clos de vignes appelé *derrière la ville*, qu'on a découvert le plus grand nombre de débris de cette époque, tels que briques et vases antiques, poids communs à peser des denrées et une certaine quantité de médailles romaines de bronze et d'argent depuis *Auguste* jusqu'à *Valentinien*[1]. Cet emplacement paraît avoir été choisi pour mettre les principaux bâtiments de la station à l'abri des terribles inondations du torrent de la *Veveyse*,

[1] F. et L. de Haller *loc. cit.* tom. XI, pag. 233 et suiv. Levade, *Dict.*, pag. 332 et suiv. P. Mommsen, *loco cit.*, tit. 132.

auxquelles les quartiers de la ville construits successivement dans le moyen âge, à l'occident de la bourgade romaine, n'ont été que trop souvent exposés.

Vevey paraît avoir joui jusqu'au milieu du IIIme siècle d'une prospérité croissante, interrompue une seule fois à la fin de l'hiver 69-70 de J.-C. par le passage tumultueux des troupes indisciplinées de la XXIe légion, commandée par *Cæcina*, irrité de la résistance des *Helvétiens*, qui s'étaient déclarés contre *Vitellius*, compétiteur à l'empire de *Galba* et d'*Othon*. Ces troupes rappelées en Italie par le nouvel empereur [1], prirent en toute hâte la route des *Alpes Pennines* et se livrèrent dans le trajet d'Avenches à Martigny, à des excès qui valurent à cette XXIe légion le surnom de rapace (*rapax*). Elle était accompagnée de plusieurs cohortes auxiliaires de la Thrace (*Tracorum*), accoutumées à traiter les provinces romaines en pays conquis. A cette occasion Vevey dut éprouver le même sort que la ville d'Avenches, qui fut prise et pillée par les soldats de *Cæcina*, mais bientôt restaurée par les soins des empereurs *Vespasian* et *Tite*, qui y fondèrent une colonie de vétérans romains. Ces excès et le trouble qu'ils occasionnèrent passagèrement dans la Vallée Pennine furent peu sensibles en comparaison des calamités auxquelles cette province fut exposée en 264 à la suite de la première invasion des Allemans (*Alamanni*) dans l'Helvétie romaine.

Après avoir saccagé et brûlé la cité d'Avenches, ces hordes barbares se répandirent dans le bassin du Léman, puis dans la vallée du Rhône, portant le fer et le feu dans tous les lieux qui se trouvaient sur leur passage, avant de franchir les Alpes pour tomber sur l'Italie [2].

[1] Voir Tacitus, *Historia*, lib. I, cap. 70.

[2] Voir St. Jérôme, *chron. an*° 264. Ammian-Marcel. lib. XV, c. 11 et 12.

Les premières lueurs du christianisme apparurent dans la Vallée Pennine et sur les bords du Léman, sous les auspices du martyre de la *Légion Thébéenne* décimée au commencement du IVe siècle par le César *Maximien* dans les gorges de St. Maurice d'*Agaunum* (an° 302)[1]. Les premiers germes de la vraie foi se répandirent peu à peu parmi la population indigène, en dépit des persécutions infligées aux chrétiens, sous les empereurs *Dioclétien*, *Galère* et *Julien l'apostat*. Vers la fin du IVe siècle *Paulus Asclépiodote*, préteur de la province des Alpes Pennines, dont Vevey faisait encore partie, fut autorisé par l'empereur *Gratien* à relever les temples (chrétiens) abattus pendant cette période de persécutions[2].

On peut faire remonter le culte de *St. Martin* et la première fondation d'une église chrétienne à Vevey vers la fin du IVe siècle ou au commencement du suivant. Ce saint apôtre des Gaules, émule de *St. Ambroise*, de Milan, dans la faveur des empereurs *Gratien* et *Théodose*, avait séjourné pendant nombre d'années dans la Cisalpine, avant d'occuper le siége de Tours[3]. Les rapports intimes de St. Martin avec l'illustre évêque de Milan engagèrent le premier à traverser plusieurs fois les Alpes pour visiter le second. C'est ainsi que l'on pourrait expliquer la fondation de plusieurs églises, ou autels érigés sous le vocable de *St. Martin*, non-seulement sur la route romaine du *St. Gothard*, mais aussi sur celle des *Alpes Pennines*[4]. On pourrait supposer

[1] P. de Rivaz, *Martyre de la Légion Thébéenne*, pag. 111, 116.

[2] Boccard, *Hist. du Vall.* 17. T. Momm, *loco cit.*, tit. 10.

[3] Aa 374-400. — Voir Sulpice Sévère, *Vie de St. Martin*.

[4] St. Martin de Vaux, près d'Oron, St. Martin du Chêne, et les chapelles ou autels de Moudon, de Clendy, etc.

que l'église primitive de *St. Martin de Vibiscum* fut d'abord placée plus bas, à proximité de la station romaine; mais qu'après le terrible débordement des eaux du lac à la suite de la chûte du mont *Tauredunum* (563), cette église fut rebâtie sur la hauteur, dans l'emplacement qu'elle occupe présentement, pour la mettre à l'abri d'une catastrophe pareille.

Sous *Dioclétien* l'empire romain avait reçu une nouvelle organisation, ensuite de laquelle la *Gaule* fut divisée en 14 provinces[1], dont l'une, la grande Séquanaise *(Pr. Maxima Sequanorum)* comprit toute l'*Helvétie ;* excepté la *Rhétie* et la *vallée du Rhône* depuis sa source jusqu'à son embouchure dans le lac Léman, ainsi que la partie orientale de ce lac. Sous le nom de province des *Alpes Grayes et Pennines*, cette grande vallée et ses annexes continuèrent à faire partie de l'*Italie* et à dépendre du préfet du prétoire de Rome. Ce ne fut que dans les dernières années de l'empire de *Théodose le Grand* (375-395) que cette province fut détachée de l'*Italie* et réunie à la *Gaule*[2].

Cette séparation arbitraire des peuples du nord et du centre de l'Helvétie de leurs congénères du sud eut pour effet de mettre les habitants du bassin du Léman et de la vallée du Rhône à couvert pendant plus d'un siècle et demi (264-409), des atteintes des hordes alémaniques qui, dans cet intervalle, franchirent à plusieurs reprises la limite du Rhin,

[1] L'organisation commencée sous Dioclétien fut complétée sous Constantin le Grand (mort en 331), qui divisa l'empire en quatre grandes préfectures politiques, subdivisées en diocèses, dont chacun comprenait plusieurs provinces civiles.

[2] Voir P. de Rivaz, *loc. cit.*, pag. 111 et suiv., et les preuves qu'il cite à l'appui. — L. Haller, *l'Helv. sous les Romains*, pag. 277.

en dévastant tous les établissements fondés par les Romains dans l'*Helvétie* depuis Bâle jusqu'à *Avenches,* où ils ne laissèrent, en se retirant, qu'un monceau de ruines [1]. Les habitants, qui, à l'approche des *Allemans* s'étaient enfuis, se réfugièrent, dit-on, sur les bords du Léman et dans la vallée du Rhône qui accueillit ces infortunés comme des frères [2]. Cependant la catastrophe qui menaçait ces contrées jusqu'alors paisibles et florissantes comparativement aux cantons de l'Helvétie plus rapprochés du Rhin, ne fut retardée que pour devenir bientôt plus complète et plus irréparable.

Dès les premières années du Ve siècle, la grande invasion des peuples du nord et de l'est qui inondèrent la Gaule cisalpine et transjurane et finalement l'Italie, mit fin à la domination romaine dans l'Occident. Les bourgades et les stations romaines, fondées par les empereurs sur les principales voies de communication, furent abandonnées ou détruites par les barbares. Les bandes de *Radagaise* composées de *Vandales*, de *Suèves* et d'autres peuplades d'outre Rhin au nombre de 200 mille [3], remontant les bords de l'Aar jusqu'à *Avenches,* se divisèrent les unes tirant à l'ouest le long du Jura ; les autres se dirigèrent directement vers les passages des *Alpes Pennines,* laissant derrière elles des traces sanglantes de dévastations et de ruines, avant de se précipiter sur l'Italie.

St. Florentin, moine d'*Aquilée,* l'un des premiers apôtres du Valais, souffrit le martyre près d'*Octodurum* (407 à 411) [4].

Les stations romaines de *Viviscum*, de *Pennelocus* et de

[1] Ammian Marcellin, *Itin. Rom.* livre XV, c. 11 (A° 355).

[2] L. de Haller, *loc. cit.*, pag. 255.

[3] Amm. Marcel. *Chron.* ad. a. 406.

[4] St. Jérôme, *Chron.* A° 407, 411.

Tarnaja, ainsi que les bourgades qui s'étaient formées à l'entour de ces stations furent détruites ou changèrent de nom et d'emplacement.

Le *Géographe de Ravène* qui écrivait vers le milieu du VIIe siècle [1] fait entendre que ces stations des bords du Rhône et du Léman n'existaient plus de son temps ; il ne les nomme que pour mémoire et sur le témoignage d'un auteur Romain, de la fin du IVe siècle [2]. En effet ces localités ne sont point mentionnées parmi celles de la vallée du Rhône et des bords du lac, que le roi Sigismond assigna, au VIe siècle, à l'abbaye de *St. Maurice d'Agaune*, en fondant ce célèbre monastère sur les ruines de l'ancienne station romaine de *Tarnade* [3].

Du *V*[e] au *X*[e], aucun document à nous connu ne fait mention de *Vevey*, soit comme ville ou bourg, soit même comme village, quoique dans cette longue période de cinq siècles l'ancienne voie romaine des Alpes Pennines ait continué à être fréquentée, d'un côté par les armées *burgondes, franques* et *carlovingiennes* ; de l'autre par les *Goths* et les *Lombards* [4], maîtres de l'Italie. Les anciennes *stations* furent remplacées par des *monastères* et des *hospices* érigés de distance en distance, tels que ceux de *St. Pierre du Mont Joux* (*St. Bernard*), de *Martigny*, de *Roche* et *Buriez*, etc., qui servirent d'asile aux pèlerins et aux voyageurs ; et dont la fondation est attribuée aux rois mérovingiens d'*Austrasie* et de *Bourgogne*. (561-613.)

[1] Anonymus Ravennatis VII sæculi (édit. P. Porcheron), pag. 191.

[2] « In præfata Burgundia plurimas fuisse civitates legimus ;..... positæ fuerunt Octodurus, Tarronas, Pennelocus, Bibiscon, etc.... » (*Ibidem.*)

[3] Voir la charte de fondation de St. Maurice en Valais A° 513. (*Mémor. Fribourg*, tom. IV, pag. 342.).

[4] Voyez la *Statistique du Valais*. (Zurich, 1820, pag. 224 à 229.

Les carlovingiens ayant succédé aux mérovingiens, *Pepin* dit le *Bref*, passant avec une armée les Alpes Pennines pour rétablir le pape Etienne II sur le trône pontifical de Rome (754), fit fortifier le défilé de *Chillon* [1]; et *Charlemagne*, son successeur, fit construire pour défendre le passage, sur un rocher dans le lac une forteresse qui, plus tard, servit de prison au célèbre *Walla*, abbé de Corbie (anno 830) [2]. Dès lors *Chillon* devint le chef-lieu politique et civil de la préfecture carlovingienne du Valais, *pagus comitatus Vallensis;* qui, plus tard, sous les rois *transjurains* de la dynastie rhodolphienne, fut divisée en *deux comtés* (*pagellis*) de moindre étendue. Le comté du Vallais conserva son ancien nom, tandis que la plaine du Rhône depuis *St. Maurice* jusqu'à *Chillon* en fut détachée pour former une nouvelle préfecture, sous le nom de comté du Chablais (*comitatus caput Lacensi*) [3].

A cette époque le quartier du pays compris entre le défilé de *Chillon* à l'orient et la *Veveyse* à l'occident, depuis la rive du lac jusqu'aux montagnes *fribourgeoises*, portait encore le nom de territoire de *Vassin (finis Vaciniacensis)*. Le nom de ce territoire était celui d'un endroit appelé *Villa Vacin* ou *Vassin*, qui existait au commencement du XIe siècle et qui dès lors a disparu [4]. Ce village était situé entre le ruissel de l'*Ognonaz* et la baye de *Clarens*, au-dessus de la petite ville de la *Tour de Peyl*, dont la fondation ne remonte,

[1] Le cartulaire de St. Maurice renferme des chartes datées de la 14e année du règne de Pepin le Bref. (*Monum. hist. Patriæ* VI, Chartar, tom. II. Col., 1 N° 1, anno 766.)

[2] Voir *Chillon*, par M. Ch. de Bons. (*Mém. et Docum. de la Suisse romande*, tom. VIII, partie 2, pag. 9.)

[3] Boccard, *Hist. du Vallais*, pag. 35, 346, 384.

[4] A° 1005. Echange entre les évêques de Sion et de Genève du village de

comme on sait, qu'au XIIIe siècle[1]. Plusieurs mas de vignes et d'autres terrains cultivés, traversés par le chemin qui conduit de la *Tour* à *St. Léger* et à *Blonay*, ont gardé le nom de *Vassin* (ou *en Vassin*).

Cependant *Vevey* était sorti de ses ruines. Cette antique station romaine avait été relevée dans la 2e moitié du Xe siècle sous le règne pacifique de *Conrad*, roi de Bourgogne, après que ce monarque eut purgé la Transjurane des invasions *hongroises* et *sarrazines* qui, des deux côtés opposés des Alpes, avaient traversé le pays comme un torrent dévastateur.

Vevey et son territoire immédiat étaient devenus une grande ferme royale (*curtis regalis*), comme *Orbe*, *Chavornay*, *Yvonent* et *Payerne*. Deux chartes, l'une de l'an 1011 et l'autre de l'an 1012, datées de Vevey (*actum Vivesci*), nous montrent le roi *Rodolphe III*, fils et successeur de *Conrad le Pacifique*, séjournant dans cette *Villa Royale* (*Fiscum regalem*) avec la reine *Ermengarde*, sa jeune épouse ; les évêques de *Lausanne*, de *Sion* et d'*Aoste*, et une nombreuse suite de seigneurs du royaume[2].

Ce dernier roi de la Bourgogne Transjurane fut plus occupé d'augmenter la puissance et l'opulence du clergé et des

Compengie (Compendiaco), contre le lieu appelé Villa Vacin et son territoire. (Archives de la Valérie à Sion.)

A° 1068. Charte de St. Maurice pour le lieu d'Attalens (Attalengis in fine Vaciniacensi). (Voir Cibrario et Promis documenti, pag. 34.)

[1] Peyl vient du latin rustique *Pila* qui signifie *taberna*, taverne. (Ducange Gloss.) A cette époque (1250) la Tour était une douane où on percevait la gabelle du sel, au profit du comte de Genève. (Cibrario, *Hist. de Savoie*, tome 11, pag. 73.)

[2] *Mém. et Docum. de la Suisse rom.*, tom. VII, pag. 1. Cartul. de Romainmotier. *Ibid.*, tom. III, pag. 427, 428.

couvents, que son propre pouvoir ; après avoir concédé aux évêques de *Sion* (anno 999) et de *Lausanne* (anno 1011) tous les bénéfices et les droits préfectoraux (*comitatus, prefectura*) dans leurs diocèses respectifs, il aliéna, en outre, la majeure partie des domaines de sa couronne. En 1017, *Rodolphe III* donna à l'abbaye de *St. Maurice d'Agaune* toutes les terres royales de la plaine du Rhône, et en outre les fiscs (*fiscos*) ou domaines royaux d'*Oron*, de *Vuadens* et de *Lutry ;* plus les droits de *mutation* ou le *plait* (*placitum*) sur les habitants mainmortables de *Vevey,* ainsi que les redevances en *censes* et *rentes* de toute nature dues par ces habitants [1].

Après la mort de ce dernier roi de la Bourgogne indépendante (1032), ce royaume fut réuni à l'empire d'Allemagne. Dans la distribution des domaines confisqués par l'empereur Henri IV sur l'anti-César *Rodolphe de Rheinfelden* (1079), l'évêque de Lausanne reçut pour sa part, outre les quatre paroisses de *Lavaux,* une partie de la ville de *Vevey* et de son territoire [2] ; l'autre partie fut cédée à l'évêque de *Sion*, avec d'autres terres dans le Valais [3].

Au retour de sa seconde expédition au delà des Alpes, et après avoir reçu à Rome la couronne impériale (anno 1084), l'empereur *Henri IV* prit, pour retourner en Allemagne le chemin le plus court [4]. Il passa le col du grand *St. Bernard*

[1] Charte du roi Rodolphe III, du 14 février de l'an 1017 (1018). Arch. de St. Maurice.) « In Vivesio Placitum cum omni redditione census hominum. »

[2] *Mém. et Docum.*, tom. VII, pag. 5. Au lieu de Cubisaco on doit lire Bibisco ou Vivisco. (Voir *loc. cit.*, tom. VI, pag. 48.)

[3] Boccard, *Hist. du Vallais*, pag. 46.

[4] Lors de sa première expédition dans l'hiver 1077, l'empereur passa par la Tarentaise et le petit St. Bernard, et non par le Vallais et le grand St. Bernard, comme on le dit communément, prenant *Civis*, Cevins, pour *Vivis*, Vevey.

vers la fin du mois d'août, et arriva dans les premiers jours de *septembre* de l'an 1088 à *Vevey* où il séjourna. Le monarque était accompagné de l'évêque de Sion, *Ermenfroy*, son chancelier, et de *Burchard*, évêque de Lausanne. Ce fut dans cette petite ville et en présence de ces deux prélats que l'empereur fit expédier une charte par laquelle il restituait le *prieuré de Lutry* à l'abbaye de *Savigny* en Lyonnais[1], à laquelle ce prieuré avait été enlevé par l'anti-César Rodolphe.

Lambert de Grandson ayant succédé à l'évêque *Burchard*, tué la veille de Noël 1088, au siége de *Gleichen* en Thuringe, ce prélat inféoda *(prestavit)* à son neveu *Gaucher, seigneur de Blonay* (en Chablais), la terre domaniale (*Curtem*) de *Corsier* avec la (*quatrième*) partie de la ville et du territoire de *Vevey*, que l'empereur avait donnée à l'évêché de Lausanne en 1079[2]. Dans l'intervalle l'abbaye de *St. Maurice* avait aliéné ses droits sur *Vevey*, au profit de l'*évêque de Sion*, dont plusieurs furent en même temps *abbés* de ce célèbre monastère; ce qui donna lieu à divers échanges de domaines entre l'abbaye et la mense épiscopale de Sion[3]; en sorte que l'évêque du Vallais se trouva, vers la fin du XIe siècle, en possession de la supériorité territoriale et féodale de toutes les terres du district de Vevey, depuis la *baye de Montreux* au levant jusqu'à la *Veveyse* au couchant, et depuis les *bords du lac*

[1] Cartul. de Savigny. — Charte datée de Vevey (actum Vivis), du 13 septembre MLXXXVIII (1088) pag. 426, N° 809, et non de l'an 1087 comme il est dit par erreur dans les manuscrits de Ruchat et de Gillèron.

[2] Cartul. de l'évêché de Lausanne, pag. 40. Cette quatrième partie de Vevey fut plus tard rachetée par l'évêque Guillaume d'Ecublens (1221-1225) pour 190 livres lausannoises. (*Ibid.*, N° 48.)

[3] Rôle des revenus de la mense épiscopale de Sion, de la fin du XIe ou du XIIe siècle, apud Viviaco (Vevey) XII. humanos. (Arch. de Valérie.)

jusqu'à la vallée de *Fruence* ou de *Châtel St. Denis*, comprenant les paroisses et châtellenies de *Montreux (Mustruez)*, de *Blonay* et de *Vevey* (*Viviaco*) [1].

Les seigneurs de Blonay, les vidames *(vicedomini)* de Montreux et du Châtelard (*Castellarii*), les avoués (*advoerii*) de Vevey, ainsi que le Chapitre de l'église épiscopale de Lausanne qui desservait l'église paroissiale de *St. Martin* et ses annexes à Vevey et à la Tour de Peyl, ressortaient, pour le temporel, de l'évêque du Valais [2], quoique ces paroisses dépendissent pour le spirituel de l'évêché de Lausanne.

C'est ainsi que, dans la suite des temps, la ville de *Vevey* et son ancien territoire se trouvèrent dès le XIIe siècle, partagés entre plusieurs *seigneurs féodaux*, qui tenaient leurs fiefs directement ou médiatement des évêques de Sion et de leurs mandataires.

[1] Voir l'acte de vente de la vidamie de Montreux et de ses appartenances, faite par Boniface, évêque de Sion, à Girard d'Oron, chantre du Chapitre de Lausanne et doyen de la Valérie à Sion, en date du mois d'avril 1292. *(Archives du Châtelard, près Vevey)*.

[2] Ordre de l'évêque de Sion au prévôt et au Chapitre de Lausanne de reconnaître Pierre de Savoie comme avoué pour tout ce que l'église de Lausanne tenait de l'église de Sion. (Wurstemberger, *Hist. du comte Pierre II. Preuves*, pag. 288, N° 558.)

L'AVOUERIE

[illegible]

[illegible]

I

VEVEY

Au XIIe et XIIIe siècles, [illegible]

primitif de ce nom, avait été donné au commencement du XIe siècle à la royale abbaye de St. Maurice d'Agaune [1]. Mais, suivant la tradition locale, l'empereur Henri IV, passant à Vevey en 1087 [2], aurait donné *Chillon* et *Vevey* à l'évêque de Sion, Ermenfroi, son chancelier. Plusieurs documents du XIIe et du XIIIe siècles semblent confirmer cette tradition, en constatant que les évêques et le Chapitre de Sion possédèrent dès lors directement ou médiatement des propriétés et des droits majeurs dans ces quartiers [3], quoique ceux-ci fussent enclavés dans le diocèse de Lausanne. Il est également certain que l'évêque et le Chapitre de Lausanne avaient de leur côté des propriétés et des fiefs importants à Vevey, et que leur possession remontait déjà à la fin du XIe siècle [4]. Quoi qu'il en soit de l'origine de ces possessions ecclésiastiques, il n'est pas sans intérêt de chercher à rendre compte de la manière dont Vevey et son territoire passèrent du domaine temporel des évêques de Sion, sous la domination de la royale maison de Savoie.

Au commencement du XIIIe siècle, Vevey ne comprenait encore que la partie centrale de la ville actuelle, ou les quartiers renfermés entre la rue de la *Croix-Blanche* (aujourd'hui rue du Centre), au couchant, et la Porte de *St.*

[1] Dipl. de Rodolphe III, roi de Bourgogne, de l'an 1017. « In Vivesio placitum cum omni reddibitione census et hominum. » (Guich. *Hist. de Sav.* pr.)

[2] *Mém. et docum.*, tom. VII. *Evêché de Lausanne*, pag. 5-7.

[3] Notice des terres et revenus du Chapitre de Sion au XIIe siècle (apud Viviaco (Vevey), XII nummos apud Monasteriolo (Montreux), décimum panis et vini episcopi.) (Ch. L. de Bons. *Notice sur Chillon. Mém, et docum.*, tom. VIII, infine, pag. 11.)

[4] Voyez le *Cartul. de Laus. (Mém. et docum.*, tom. VI, pag. 41, 48, et 348 à 388.)

Paul (Tour orientale), au levant [1]. On donnait naguère à ces quartiers le nom de Vieille ville *(Villam Veterem)*, pour la distinguer des quartiers plus nouveaux qui furent successivement ajoutés aux anciens. La Vieille ville elle-même composait trois sections ou juridictions distinctes et séparées les unes des autres par des portes [2]. Le quartier le plus ancien, appelé *bourg du Vieux Mazel (Veteris macelli)* ou des vieilles boucheries [3], couvre en partie l'emplacement de l'antique station romaine appelée *Viviscum*, entre les prisons, l'église de Ste. Claire et le quartier actuel de l'Hôtel-de-ville [4]. Entre ce quartier et le faubourg dit des Lombards [5], situé à l'extrémité orientale de la ville, s'étendait le bourg de Blonay *(burgum de Blonay)* [6], composé du bourg *dessus* (rue du Collége) et du bourg *dessous* (rue d'Italie.) Du côté opposé, soit au couchant du Vieux Mazel, on trouvait le bourg d'Oron (*burgum de Orons)* [7], *dessus* et *dessous*, occupant en partie la rue du Simplon et la rue du Lac [8]. Ces deux sections de la vieille ville de Vevey avaient pris le nom des deux no-

[1] Voyez le *Cartulaire du Chapitre de Lausanne*, l. c., pag. 41, 48, 348, 388, et *passim*.

[2] On comptait à Vevey huit portes, au milieu du XVe siècle, dont cinq ou six subsistaient encore à la fin du XVIIIe. Le Conseil décida en 1796 qu'elles seraient abattues. (Mss. Tapernoud, de Vevey.)

[3] Transaction entre les Blonay et les d'Oron, coseigneurs de Vevey, de l'an 1284. (Arch. cant., *Baill. de Vevey*, tom. I, N° 14.)

[4] Voyez le plan de Vevey dressé par V. Rossier en 1842.

[5] *Vicus Caorsinorum de Viveis*. (Testament de Pierre d'Oron, évêque de Sion, de l'an 1287. Arch. de Sion.)

[6] Titre de 1284, cité plus haut. « *Villa dominorum de Blonay, in burgo veteri.* » (Arch. cant, l. c., N° 14.)

[7] *Ibid.* — « *Villa dominorum de Orons.* »

[8] In burgo veteri superiori partis de Orons. *(Ibid.*, N° 51.) In burgo inferiori veteris villæ Viviaci. *(Ibid.*, N° 123.)

bles maisons auxquelles ils appartenaient respectivement sous le régime de la féodalité, noms qu'ils ont conservés jusqu'en 1842, où ces dénominations traditionnelles furent remplacées par d'autres qui n'ont aucun rapport soit avec les localités, soit avec l'histoire de la ville [1]. Quant au bourg du Vieux-Mazel, il appartenait au seigneur haut justicier, dont l'autorité embrassait toute la ville et son territoire, c'est-à-dire à l'*avoué* de l'évêque de Sion.

Vers l'an 1236, les seigneurs d'Oron, possesseurs d'une partie de la Vieille ville, fondèrent du côté d'occident le bourg de la Villeneuve (*villam novam Viviaci),* entre la rue de la *Croix-Blanche* (rue du Centre) et les anciens fossés de la place du marché *(forum Viviaci* [2].) Un peu plus tard, dans la seconde moitié du XIIIe siècle, Pierre de Savoie, devenu seigneur de Vevey, fonda le Bourg-Franc *(burgum francum),* situé vers l'ancien port [3]. Le bourg de *Bottonens,* fondé à l'extrémité orientale de la ville par les seigneurs d'Oron de la branche de Bossonens, dans le faubourg occupé par les Lombards ou *changeurs* italiens, ne date que de la première moitié du XIVe siècle. Il en est parlé pour la première fois dans un acte daté de l'an 1341 [4]. Le quartier de St. Sau-

[1] Voyez le plan de Vevey de 1842, dont la cartouche indique les noms anciens en regard des nouveaux.

[2] *Villam novam* liberam de Viviaco inter forum et *Villam Veterem* de Viviaco, fondée en 1236, environ, par Rodolphe d'Oron, avec l'approbation de R., Cte de Gruyères, d'A., sire de Faucigny, et d'Amédée de Blonay. (Arch. de Vevey, layette 1, paquet 1, No 1. Vidimus de 1317.)

[3] On attribue au Comte Pierre de Savoie la fondation de ce bourg, qu'il déclara franc de tout droit de focage ou d'habitation. (Mss. de M. de Joffrey de 1660.)

[4] Hommage prêté par Aymon de Blonay, au nom de Marguerite d'Oron, sa femme, à l'évêque de Lausanne, pour la moitié du bourg de Bottonens (bur-

veur, bâti autour de l'ancien port, de même que le bourg aux *Favres*, qui borne au couchant la place du marché, n'ont été réunis à la ville que dans le XVe siècle [1].

De même que la ville, le territoire paroissial de Vevey était partagé en un certain nombre de *fiefs*, subdivisés eux-mêmes en une quantité de tenures féodales et rurales. Indépendamment des fiefs majeurs que possédaient les sires de Blonay et d'Oron, coseigneurs de Vevey, l'évêque et le Chapitre de Lausanne [2] et l'évêque de Sion, étaient alors les plus grands propriétaires de ce territoire [3]. Le Chapitre de Lausanne possédait dans la même ville une vingtaine de maisons avec leurs chésaux *(casales)* épars dans les anciens quartiers [4], et entre autres la maison forte [5] et le clos du Chapitre au nord de la ville, sous l'église de St. Martin. Ce grand clos, planté de vignes *(clausum Capituli)*, était environné de trois côtés par les *Communaux*, terrains appartenant au Chapitre de Sion [6]. Le clergé de l'église de St. Martin avait, en outre, des vignes et des fonds dans les parchets de *St. Martin*, de *Chaumontey* et de *Gillamont*, au nord, et à l'est dans ceux de *Cheneveyre* et de *Chaponnaire* (*Capunieres)*, bordés par le ruisseau de l'Oyonnaz *(flumi-*

gum novum qui dicitur Bottonens.) (Arch. cant., titres de 1341 et 1345. Vevey, Nos 133, 139.)

[1] Après l'an 1448, recueil du greffier Tapernoux, de Vevey. Mss.

[2] Voir le Cartulaire du Chapitre de Lausanne. *(Mém. et docum.*, tom. VI, pag. 348, 353, 360 et *passim.*)

[3] Feudos quos ab episcopo Lausannensi et episcopo Sedunensi tenent apud Viveis. (Arch. cant. Vevey. Titre de 1284. N° 14.)

[4] *Cartul. de Laus. Mém. et docum.*, tom. VI, pag. 350, 374.

[5] Anno 1239-1242. Domus, Turris et Platea, inter murum (veteris Villæ) et aggerem. *(Cartul. de Laus.*, pag. 379.)

[6] Vinea dominicalis (Capituli Lausannensis) sub ecclesia Sti. Martini, terminat ex ambabus partibus ad terram (Capituli) Sedunensem.

cellum [1] *de Osnona*). Ce quartier, ainsi que celui d'Hauteville, faisait partie des fiefs que les sires de Blonay tenaient du Chapitre de Lausanne [2]. Les sires d'Oron tenaient de ce Chapitre la grande dîme de la paroisse de St. Martin [3]. Les seigneurs de ces deux nobles maisons possédaient par moitié les péages de Vevey [4], perçus d'un côté au pont de la Veveyse, et de l'autre à la place du *Chêne*, au pont de l'Oyonnaz. Ils avaient, en outre, une part des droits prélevés sur les *marchés publics* de Vevey, qui étaient au nombre de trois par semaine [5].

Le couvent du Grand St. Bernard, qui avait fondé, proche de la Veveyse, un hôpital pour les pauvres voyageurs [6]; l'abbaye de St. Maurice [7] et le prieuré de Port-Valais possédaient également des fonds et des revenus à Vevey et à La Tour [8].

La *Tour de Peil*, dont la chapelle, dédiée à *St. Théodule*, formait une annexe de l'église de St. Martin de Vevey [9],

[1] Arch. cant. Vevey, reconnaissances, Nos 23, 24 et 26 du XIVe siècle.

[2] Titre de 1245. Ego Aymo Dominus de Blonay, à quo vinee prenominate de Chaponeres à prefato W. milite de Turre tenebantur nomine feodo, etc. (Arch. de Laus. Inv. an. pag. 463.)

[3] Anno 1237. Accord entre le Chapitre de Lausanne et Rodolphe, sire d'Oron, au sujet de la 5me partie de la grande dîme de Vevey. (*Ibid.*, Vevey, No 5.)

[4] Affranchissement du péage de Vevey, accordé à la Chartreuse d'Oujon par les sires de Blonay et d'Oron, en 1243. (*Mém. et docum.*, tom. XII, pag. 159.)

[5] Titre des sires d'Oron de 1280. (Arch. du Châtelard. Mss. de M. de Joffrey de l'an 1660.)

[6] In territorio Viviaci in loco dicto *Lospitaul* juxta hospitale *montis Jovis* et magnam Vivesiam. (Arch. cant. Vevey, tom. I, No 144.)

[7] *Cartul. de Lausanne*. Anno 1220. pag. 375–377.

[8] *Ibid.* pag. 365.

[9] *Ibid.* Capella de Turre de Peil, anno 1228. (L. c., pag. 365–372.) Capella St. Theoduli de Turre. (Arch. cant. Vevey, No 75.)

n'était au commencement du XIIIe siècle qu'un poste de Douane, avec un port sur le lac, où l'on percevait les *gabelles du sel* de Bourgogne, avant de l'embarquer pour le transporter en Valais [1]. Cette recette faisait partie des fiefs que les seigneurs de Châtel-en-Fruence et leurs chevanciers de la Tour de Peil tenaient de l'évêque de Sion, soit du comte de Genève [2]. Ces chevaliers de la Tour *(milites de Turre)*, qu'il ne faut pas confondre avec les bourgeois de Vevey, *hommes liges* du Chapitre de Lausanne, portant le même nom [3], possédaient en même temps l'avouerie du prieuré de Port-Valais, à laquelle étaient attachés la pêche du Rhône, la propriété *de Isles* à l'embouchure du fleuve, et des bois qui restèrent incorporés à la seigneurie de La Tour [4].

Quoique l'église paroissiale de St. Martin à Vevey [5] et ses annexes dans la ville et à La Tour appartinssent pour le spirituel à l'évêché de Lausanne, dont le Chapitre nommait le curé de Vevey, cependant celui-ci payait en signe de dé-

[1] Pedagium salis quod consuevit recipi apud Turrim juxta Viviaci. (Titre de l'an 1250.) (Cibrario. *Storia di Sav.*, tom. II, pag. 73.)

[2] *Vide supra* et la cession que Villelme de Fruence, Dominus Castelli, fait à Pierre de Savoie, de tous ses droits sur la Tour *quæ ex feudo comitis Gebennensis et episcopi Sedunensis sunt, pro 30 libris*, anno 1255. Mai. (Arch. de Turin, c/2, N° 43.)

[3] Anno 1238. Joh. Petrus et Cono de Turre, fratres, homines ligii Capituli. *(Cart. de Laus.*, l. c., pag. 378.)

[4] Cibrario. *Storia di Sav.*, tom. II, pag. 73; et *Gallia Christ.* tom. XII, instr. de anno 1272, pag. 514.

[5] Chaque bourg ou quartier de la ville avait sa chapelle particulière, savoir : *St. Antoine*, sur le vieux pont de la Veveyse; *la Madelaine*, aux Favres; *St. Sauveur*, au port; *St. Jean*, au vieux-Mazel; au *Chapitre*, près des prisons; *St. Paul*, au bourg Bottonens ; et *St. Eloy*, au Martherey, hors de la ville. (Msc. de Joffrey.)

pendance pour le temporel le *tiers* des censes et des revenus de l'église de St. Martin, à l'évêque de Sion, qui en avait le *patronat*, comme haut seigneur du territoire [1]. Tous ces *fiefs* et les droits qui en dérivaient, soit pour la juridiction, soit pour les redevances féodales, se trouvaient entremêlés les uns dans les autres, de manière à présenter l'image d'une espèce d'échiquier [2].

Les principaux seigneurs de Vevey avaient dans cette ville leurs officiers ou *ministériaux*, chargés de l'administration locale de leurs domaines et de la perception de leurs droits féodaux. Ces ministériaux portaient divers titres : celui des sires de Blonay était qualifié de sénéchal *(dapifer)* [3]. Le Chapitre de Lausanne et les autres seigneurs ecclésiastiques avaient chacun à Vevey leur major *(villicus)* [4]. Lorsque Rodolphe, seigneur d'Oron et coseigneur de Vevey, y fonda vers le milieu du XIIIe siècle, le *Bourg neuf* ou la *Ville neuve*, il en remit la police à un mestral *(mistralem)* [5]. Ces divers officiers, investis de certaines attributions judiciaires inférieures, dépendaient directement des seigneurs dont ils tenaient leur office à titre de fief héréditaire [6].

[1] Le curé de St. Martin de Vevey payait à l'évêque de Sion « *tertiam partem census et procurationis.* » (*Cart. de Laus.*, l. c., pag. 371-374.)

[2] Au XVe siècle, Vevey comptait cinq ou six bourgs, séparés par des portes.

[3] Petrus Dapifer de Blonay, anno 1231. Johanne Dapifer de Blonay domicellus, anno 1271. *(Cartul. de Hautcrêt*, pag. 106.) Il était qualifié de Donzel et de bourgeois de Vevey, et portait pour armoiries un gril, formé par huit flèches ou piques entrecroisées.

[4] Boemundus villicus Capituli apud Veveys. *(Cart. de Laus.*, l. c., pag. 356.)

[5] Jordanus miles de Mura, *mistralis de Veveys*, prête hommage pour la mêtralie à Pierre d'Oron, coseigneur de Vevey en 1280. (Arch. du Châtelard.)

[6] Le mestral de Vevey doit compte au sire d'Oron de : 1° *Medietatem linguarum in die fori Viviaci.* 2° *Duas partes rivagii in foro.* 3° *Medietatem savaterie Viviaci*, et lui payait sept livres de *placito in mutatione Domini et Vassali.*

Ces seigneurs eux-mêmes, sans en excepter l'évêque et le Chapitre de Lausanne[1], relevaient, en dernier ressort, de la suzeraineté de l'évêque de Sion. Mais comme ces quartiers étaient séparés du Valais par le Chablais, appartenant à la maison de Savoie, avec laquelle ces prélats étaient presque toujours en guerre, ils avaient délégué au comte de Genève l'exercice temporaire de leurs droits régaliens (*regalia*) [1], sous le titre de vicomté (*vicecomitatus*). A ce titre, les comtes de Genève avaient le droit de recevoir l'hommage de tous les feudataires nobles de l'évêque de Sion, entre la *Cluse de Chillon* et la *Vevryse*, et depuis le lac jusques et y compris Châtel St. Denys. En sorte que le vicomté de Vevey comprenait les mandements de Montreux, de la Tour de Peylz [2], de Vevey, de Blonay [3] et de Fruence [4]. D'un autre côté, Landri, évêque de Sion, avait, à ce qu'il paraît, *engagé* l'avouerie de Vevey (*advocatia de Veveis*) à Aymon, sire de Faucigny [5], qui à son tour l'avait remise, avec le consentement de l'évêque, au comte Rodolphe III de Gruyère [6]. Mais le

[1] Anno 1260. Ordre adressé par l'évêque et le Chapitre de Sion à l'évêque et Chapitre de Lausanne de reconnaître Pierre de Savoie pour tout ce que l'église de Lausanne tient de celle de Sion, dès la Morge de Conthey à la Veveyse. (Supra, pag. 17 nº 2.)

[2] Anno 1255. W. de Fruence vend à Pierre de Savoie Turrem Viviaci et pertinentis ipsius turris, quæ ex feudo comitis Gebennensis et Episcopi Sedunensi sunt. (Arch. de Turin, c/2, 43.)

[3] Anno 1295. Homagium quod debebant Dº Episcopo Sedunensi, Domini de Blonay, ratione feudi a clusa Chillionis ad aquam Veveysiam. (Arch. du Châtelard.)

[4] Anno 1244. Hommage prêté à Pierre de Savoie par Guillaume de Fruence « *pro castro de Châtel, et Valle Fruentiæ, salva fidelitate debita comiti Gebennensi.* » (Arch. de Turin.)

[5] Pour 50 livres, prix d'un précieux anneau que ce prince avait prêté à Landri, évêque de Sion, vers l'an 1220 (?). (Arch. de Sion.)

[6] R., comte de Gruyère, engage à A. de Blonay l'avouerie de Vevey, et ne

comte de Genevois, Guillaume II, qui était en guerre avec la maison de Faucigny, revendiqua l'avouerie de Vevey comme faisant virtuellement partie des droits qu'il tenait de l'évêque de Sion, et prétendait que le comte de Gruyère lui en fît hommage ou qu'il la lui cédât [1].

Dans ces entrefaites, le comte de Gruyère avait engagé l'avouerie de Vevey à son beau-frère, Aymon, sire de Blonay ; mais, n'ayant pu l'y maintenir [2], il fut contraint de la remettre au comte de Genève. Celui-ci l'engagea presque aussitôt à Rodolphe de Rue, son vassal, pour *cinquante livres* lausannoises (env. 5000 fr.) Aymon de Blonay, qui avait un grand intérêt, comme coseigneur de Vevey, à réunir l'avouerie de cette ville au domaine de sa famille, racheta cette avouerie de R. de Rue, pour le même prix, et le comte de Gruyère, son beau-père, lui en garantit la possession, par acte daté du mois de mars 1246 [3].

L'hommage dû au comte de Genève pour cette avouerie, soit par le comte de Gruyère, soit par le sire de Blonay,

pouvant la lui maintenir, il lui remet l'avouerie de Lutry pour 50 livres, en 1231. (Arch. de Laus.)

[1] Traité entre le comte de Genève et le sire de Faucigny du 10 mai 1225. « Si comes Gebennensis potest monstrare per testes quod C. Gruerie fecerit ei hominium ligium (pro advocatia Vivesii?) D. Fuciniaci non potest eum (comitem Gruerie) retinere. *(Mém. de la Soc. d'hist. de Genève*, tom. VII, pag. 295.)

[2] Titre de l'an 1231, par lequel R., comte de Gruyère, engage à A., sire de Blonay, l'avouerie de Vevey pour 170 livres. (Arch. de Laus. Inv. anv. P., N° 463.)

[3] Titre du mois de mars 1245 (v. st.), soit 1246 : « Tum D. Aymo de Blonay advocatiam de Viviaco redimerit pro 50. Libr. Laus. a D. R. de Rota qui eam habebat pro eodem pretio à N. Comiti W. Gebennensi, pro gageria, et idem comes eamdem habebat à Nobis pro predicta summa..... nos R. comes Gruerie tenemur prefato D. Ay. de Blonay, dictam advocaciam contra omnes garantire. » (Arch. de Laus. Inv. An. P. N° 463.)

comme cessionnaire de son beau-frère, était encore en question, lorsque le petit Charlemagne (Pierre de Savoie) contraignit les comtes de Genève, Willelme et Rodolphe, père et fils, à lui engager tous les droits qu'ils avaient sur Genève et le pays romand, à quelque titre que ce fût [1]. Le comte de Gruyère, cédant à la prépondérance que ce prince avait acquise dans le pays par les armes et par d'autres moyens, dut lui vendre l'*avouerie* de Vevey avec toutes ses prérogatives et ses droits. L'acte est daté du 1er mai 1257 [2], et le prix de cette vente fut fixé à la somme de 620 livres lausannoises (environ 60 000 fr.), dont 420 furent immédiatement payées au comte par le châtelain de Chillon, et 200 livres remises à Aymon, sire de Blonay, en remboursement de ce qui lui était dû par le comte de Gruyère, son beau-père [3].

A l'avouerie de Vevey étaient attachés :

1° La *haute juridiction séculière et criminelle*, soit la connaissance et la punition corporelle des crimes et délits commis dans la ville et dans son ressort ;

2° Les *bans* ou amendes de *60 sols* et au-dessus ;

3° *Les deux tiers des confiscations* ;

4° *Les deux tiers des clames*, au criminel ;

[1] Anno 1237-1250. Voy. les *Mém. de la Société d'histoire de Genève*, tom. VII. Ed. Mallet. pag. 211-223, et Pièces justif. N° XII et XIII.

[2] Vente faite par le comte R. de Gruyère de l'Avouerie (advocatia) et de la Majorie (majoria) de Vevey, à Pierre de Savoie, comte de Romont, pour 620 livres du 1er mai 1257. (*Contr. de la maison de Savoie*, pag. 682. Arch. de Turin.)

[3] *Ibid.* La procuration donnée à Ay. de Blonay, par le comte R. de Gruyère, pour vendre à Pierre de Savoie l'Avouerie de Vevey, est datée du 30 avril 1257. (Arch. de Turin, 2/c, 71.) Voir J.-J. Hisely, (*Hist. de la Gruyère, Mém. et docum.*, tom. X, pag. 89 et suiv.)

5° La *moitié* des amendes pour contraventions de police des grands chemins et des *communs* [1].

D'où il suit que les coseigneurs de Vevey, possesseurs du *domaine utile*, dans leurs quartiers respectifs, n'y avaient que la *moyenne et basse juridiction* et le *tiers* des *clames* et des *confiscations*, et qu'ils partageaient avec l'avoué les *amendes* encourues pour contravention de police des chemins et pour délits commis dans les bois et les pâturages communs [2].

En même temps, le comte Rodolphe de Gruyère enjoignit à la veuve et aux enfants de Rodolphe d'Oron, coseigneur de Vevey, de reconnaître Pierre de Savoie pour les fiefs qu'ils avaient à Vevey, à savoir : pour le bourg et la maison forte, ou *Tour d'Oron*, et pour la *mestralie*, qui relevait de l'avouerie de Vevey [3].

Cette noble maison possédait également le fief de la *majorie* de Vevey, comprenant, entre autres choses, les indominures et les fonds mouvants du Chapitre de Sion [4]. Mais ce fief lui était disputé par les seigneurs de Vuippens ; et Pierre de Savoie, ayant acquis l'avouerie de Vevey, réunit la majorie *à son domaine* [5], et en commit la charge à

[1] Soit le domaine direct. Voyez la sentence rendue en 1348 par arbitres sur les droits respectifs du prince et des coseigneurs de Vevey. *(Docum. et stat. de Laus.* l. c., tom. VII., pag. 136 et suiv.)

[2] *Ibid.* pag. 140. Habet (condominus) in Burgo veteri, Preconisationem, Cavalcatam, cognitionem de rebus immobilibus, thesas domorum, Laudemia, etc. (*Ibid.* pag. 139.)

[3] Arch. de Turin 2/c, 60.— On a fait voir plus haut que la *Mestralie* de Vevey appartenait aux seigneurs d'Oron.

[4] *Cartul. de Laus.* Anno 1236. *Terram Sedunensem* sub ecclesia B. Martini de Veveys (pag. 375).

[5] Majoriam de Viveis erat in manu Domini. *Computus Castell. de Chillon.* Anno 1257-1258. (Cibrario. *Stor. di Savoia*, tom. II, pag. 102.)

Pierre de Gruyère, fils de Jean, bourgeois de Vevey[1].

Dans l'entrefaite, ce prince avait peu à peu racheté et réuni de nouveau au domaine éminent de Vevey tous les fiefs qui en avaient été détachés. Dès l'an 1244, Pierre de Savoie, comte de Romont, reçut l'hommage de Guillaume et Nicolas, coseigneurs de Fruence, sauf la fidélité due au *comte de Genève*[2], pour leur châtel de Fruence, et sous réserve de la féauté due au seigneur de Blonay, pour les pâturages *des Villars*, que Nicolas de Fruence tenait en arrière-fief de ce seigneur[3].

En 1248-1250, Philippe, chevalier de La Tour, vendit à Pierre de Savoie pour le prix de 30 livres lausannoises (environ 3000 fr.) tous les droits qu'il tenait du comte de Genève à la Tour-de-Peilz près Vevey, à savoir les droits perçus sur les maisons des habitants et sur leurs biens-fonds, le péage des sels passant à La Tour, l'avouerie du prieuré de Port-Valais et la pêche du Rhône[4]. Un peu plus tard, en 1255, ce prince acheta pour 30 livres, de Guillaume, seigneur du Châtel de Fruence, le reste de la châtellenie de La Tour, qu'il tenait en fief du comte de Genevois, soit de l'évêque de Sion[5]. Toutes ces acquisitions furent faites par Pierre de Savoie à titre de simple particulier.

[1] Compte rendu par P. de Gruyère, major de Vevey, à Pierre de Savoie. Anno 1259-1260. (Cibrario. *Econom. polit.*, pag. 438.)

[2] Hommage des seigneurs de Fruence à Pierre de Savoie, daté de Romont, 18 juillet 1244. « *Reservata fidelitate debita comiti Gebennensi.* (Arch. de Turin, Sub. Fasc. I, conv. 4.)

[3] *Ibid.* Et Nicolaus, salva fidelitate debita Domini de Blonay.

[4] Cibrario, *Stor. di Sav.* tom. II, pag. 73, note 4. Philippus miles de Turre vendidi D° Petro de Sabaudia, Feudum de Turre juxta Viviaci, quod habeo à D° *W. Gebennensi comiti*, etc. (Ex. arch. Turini, Sab. Mazzo 1.)

[5] Cession faite à Pierre de Savoie par W. de Fruentia, Dominus castelli de Turris Viviaci et pertinentiis ipsius, quæ ex feudo comitis Gebennensis et episcopi Sedunensis sunt, pro 30 libris, etc. (Arch. de Turin 2/c, 48.)

Le Bas-Valais, la vallée du Rhône et le château de Chillon faisaient déjà partie de l'apanage que le comte Amédée IV avait donné à Pierre de Savoie, son frère[1]. Pour compléter son domaine et pour en faire un tout d'un seul tenant jusqu'à la Veveyse, il ne lui restait plus qu'à acquérir la terre de Montreux, et à faire reconnaître par l'évêque de Sion les acquisitions qu'il venait de faire à Vevey et à La Tour.

La *vidamie de Montreux* était tenue en fief de l'évêque et du Chapitre de Sion par les sires d'Oron, qui eux-mêmes avaient inféodé à leurs propres vassaux la *mestralie* de Montreux et la *majorie* de Clarens, qui relevaient de ce vidomnat[2]. Par le traité de paix fait en 1260, entre Henri de Rarogne, prince-évêque de Sion, et Pierre de Savoie, le premier dut lui céder toutes les indominures et tous les fiefs que l'église de Sion possédait encore dans le diocèse de Lausanne[3]. Cette cession comprenait nominativement la *vidamie de Montreux* et implicitement l'*avouerie de Vevey,* ainsi que l'hommage des sires de Blonay et d'Oron et des autres feudataires nobles de ces quartiers[4]. L'évêque et le Chapi-

[1] Titre du 16 février 1254 (ou 1255). « Castrum de Chillon... ab hospitale montis Jovis usque ad Viveys, excepto feudum quod Sedunnensis episcopus tenet a comite Sabaudiæ. (*Data Pr. d'Achaïa*, tom. II, pag. 13.)

[2] Liste des hommages prêtés à R. sire d'Oron et coseigneur de Vevey en 1240–1250.

[3] Traité de paix fait le 5 septembre 1260, entre l'évêque de Sion et Pierre de Savoie. L'évêque cède « quidquid habemus in villa et parochia nostra de Mustruz... et generaliter quæcunque habemus ab aqua Morgia inferius versus Lausannam. (Document concernant le Valais, N° 1, *Archives de la Société d'hist. suisse*, tom. II, pag. 201.)

[4] Homagium quod debebant D° episcopo Sedunensi Domini de Blonay, etc. Rappelé dans un titre de 1295. (Arch. du Châtelard.) L'hommage des sires d'Oron est mentionné comme faisant partie des fiefs engagés à Pierre de Sa-

tre de Sion adressèrent en même temps à l'évêque et au Chapitre de Lausanne l'ordre de reconnaître Pierre de Savoie comme leur suzerain pour tout ce que l'église de Lausanne tenait de celle de Sion[1], injonction à laquelle l'évêque Jean de Cossonay se conforma d'autant plus volontiers, que lui-même venait d'associer ce prince à la juridiction temporelle de la ville de Lausanne et de son ressort, qui s'étendait jusqu'à la Veveyse[2].

L'évêque de Sion réservait à la vérité dans cette cession plus ou moins forcée, les hommages qui lui étaient dus par le comte régnant de Savoie, Amédée IV, pour Chillon, et par le comte de Genevois, pour la vicomté de Vevey[3]. Mais comme Pierre de Savoie se trouvait *nanti* par divers traités[4] des droits qu'aurait pu revendiquer le comte de Genevois, cette réserve n'avait aucune portée réelle, et le prince Pierre étant bientôt devenu lui-même comte de Savoie, personne ne fut en mesure de contester les droits de suzeraineté qu'il avait acquis sur Vevey, La Tour et le territoire environnant, depuis les rives du lac jusque dans le canton actuel de Fribourg.

Le comte Pierre, après avoir ainsi réuni dans sa main la *vicomté*, l'*avouerie* et la *majorie* de Vevey, dont les attributions et les droits se trouvèrent dès lors confondus, il an-

voie en 1250, par le comte de Genève. (Titre de 1282. *Mém. et Doc. de la Soc. d'hist. de Genève*, tom. VII, pag. 342.)

[1] Titre du mois d'oct. 1260. (Arch. de Turin.)

[2] Le 10 août 1260. *Docum.* en stat. de l'évêché de Lausanne. (L. c., tom. VII, pag. 56.)

[3] Traité du 5 sept. 1260. « Retentis nobis fidelitatibus et feudis, Ill. virorum comitis Sabaudiæ et comitis Gebennensis. » (*Supra.*)

[4] Traité du 28 juin 1250. Voy. Ed. Mallet, *Mém. et docum. de la Soc. d'hist. de Genève*, tom. VII, pag. 301.

nexa provisoirement ces offices à celui du châtelain de Chillon, qui était en même temps bailli du Chablais. Dès lors *Vevey, La Tour* et *Montreux* firent partie de ce bailliage extérieur, tant que la souveraineté de la maison de Savoie subsista de ce côté du lac Léman[1].

Aymon, seigneur de Blonay et de St. Paul, et co-seigneur de Vevey, avait du chef de sa femme, Béatrix de Gruyère, la suzeraineté du château de *Font* sur le lac d'Yverdon, que tenait de lui en fief ou en garde Renaud d'Estavayer. La guerre ayant éclaté entre le comte Pierre de Savoie et le célèbre Rodolphe de Habsbourg, son rival et son émule, le premier exigea de Renaud d'Estavayer la promesse de ne prêter aucune assistance à son ennemi[2], et pour mieux s'assurer de ce poste important, le comte Pierre proposa à Aymon de Blonay de lui céder ses droits de suzeraineté sur le château et la terre de *Font*, ce qui eut lieu en effet au moyen d'un échange aussi honorable qu'avantageux pour la maison de Blonay.

Par un acte daté du 28 mars 1267 (v. st.),[3] Aymon, sire de Blonay, remit au comte de Savoie tous ses droits quelconques sur le château et mandement de *Font*[4] et sur l'hommage que lui devait Renaud, sire d'Estavayer, en raison de ce fief. Il renonça de plus au droit de tenir un marché à St. Paul, marché qui fut aboli au profit de celui d'Evian. Aymon de Blonay se réserva cependant d'avoir un *port sur*

[1] Voy. Notice sur Chillon, par M. De Bons. (*Mém. et docum. de la Société d'hist. romande*, tom. VIII.

[2] Anno 1265. Promesse de R. d'Estavayer, seigneur de Font, de ne donner aucune assistance à Rod. de Habsbourg, etc. (Arch. de Turin.)

[3] *Hist. Patr. Monum. Cart.*, tom. I, col. 1475.

[4] *Ibid.* — In castro de Fons et mandamento ejusdem..... quod tenet Rev. dominus de Estavaye.

le lac près de sa terre, pour lui et ses gens et pour le transport de ses denrées d'une rive à l'autre[1]. Le comte Pierre donna en échange au sire de Blonay et à ses héritiers à perpétuité l'*avouerie de Vevey*, y compris les hommages dus à l'avoué en raison de la *majorie* et *vicomté* et des fiefs que tiennent à Vevey les sires d'Oron[2].

Le comte céda, en outre, à Aymon de Blonay l'avouerie du *monastère de St. Sulpice*, près Lausanne, dont dépendait le prieuré de Blonay, et plusieurs autres droitures et fiefs à Bex et dans le territoire d'Evian, entre le Brêt et la Dranse[3]. Le comte Pierre s'obligea à garantir le sire de Blonay contre toute éviction de la part du comte de Genevois, dont il tenait l'avouerie en gage, en déclarant que si ce gage retournait au comte de Genève, le sire de Blonay ferait hommage à celui-ci pour l'avouerie de Vevey, et au comte de Savoie pour la Tour d'Oron, et pour les autres fiefs, tant anciens que nouveaux, mouvants de sa royale maison. En attendant, le sire de Blonay prêta un seul et même hommage au comte Pierre pour tous ces fiefs réunis[4], et lui paya en outre *mille livres viennoises* (environ 80 000 francs, valeur commerciale actuelle) en retour et à titre de compensation de la

[1] Mercatum publicum Sancti Pauli de cœtero non debeat teneri ; retento sibi porto in lacu prope terram suam. *(Ibid.)*

[2] Avoeriam de Vivesio ac jus homagii vel homagiorum debitis pro majoria et vice comitatu ac pro terra quæ est liberorum Rod. quondam domini de Orons.

[3] *Ibidem.* « Quicquid habemus inter Drancian et Brestum, in hominibus, feudis, terris.

[4] « Quamdiu in manu nostra fuerit gageria comitis Gebennensis pro hujus modi feudo et alio feudo antiquato nobis dictus dominus tantum unum homagium facere teneatur. Si dicta gageria reverteretur ad comitem Gebennensem, ipsi homagium faciat pro avoeria memorata et nobis pro Turre predicta et pro feudo antiquato. *(Ibidem.)*

plus-value des choses cédées par le prince au sire de Blonay[1].

En vertu de cet échange, Aymon, sire de Blonay et de St. Paul, seigneur de Corsier et coseigneur de Vevey, fut investi sous le titre d'*avoué*, de la haute juridiction et du droit de dernier supplice dans la ville et le territoire de Vevey, depuis le lac jusque dans la vallée de Fruence ou de Châtel-St.-Denis. Les nobles de la maison d'Oron, coseigneurs de Vevey, furent tenus de lui prêter hommage pour la *Tour d'Oron* et pour les autres fiefs qu'ils tenaient auparavant à Vevey, soit de l'évêque de Sion, soit de l'évêque de Lausanne[2]. Les sires d'Oron refusèrent pendant plusieurs années de prêter cet hommage, à cause des dissentiments domestiques qui avaient surgi après la mort du comte Pierre entre ses héritiers[3].

Cependant, à la suite d'un arbitrage intervenu en 1284 entre les sires de Blonay et les seigneurs d'Oron, Amédée, fils de Pierre d'Oron, coseigneur de Vevey, prêta au seigneur de Blonay, comme *avoué* de Vevey, l'hommage requis sur la place du *Vieux-Mazel*, entre le bourg de Blonay et le bourg d'Oron[4], en réservant toutefois la fidélité due à son

[1] *Ibid.* Dans nobis prælibatis (comitis et comitissa) mille libras viennenses quas ab eodem (domino de Blonay) recepimus in bona pecunia numerata.

[2] Requête présentée vers l'an 1276 par Jean, fils d'Aymon, seigneur de Blonay, au comte Philippe de Savoie, pour contraindre Pierre d'Oron à prêter l'hommage dû à Aymon pour Vevey; inscrite au bas du vidimus du traité de 1267 ci-dessus. (Arch. de Turin.)

[3] Par son testament de l'an 1268 (Guichenon, *Hist. de Sav.*, tom. II, pr. p., pag. 75.), le comte Pierre avait laissé à sa fille la dauphine Béatrix toutes ses acquisitions et par conséquent l'avouerie de Vevey.

[4] Compromis entre les sires de Blonay et les sires d'Oron au sujet de leurs droits respectifs à Vevey, daté de la St. Martin 1284. « Item dicimus quod Amedeus filius Petri de Orons..... faciant homagium eidem Johanni Domino

vrai seigneur, si un autre que le sire de Blonay se trouvait avoir des droits plus légitimes sur la seigneurie de Vevey[1]. Cette réserve concernait *l'engagère* ou l'hypothèque faite naguère par les comtes de Genève à Pierre de Savoie, hypothèque que sa fille Béatrix, dauphine de Viennois et dame de Faucigny, avait annulée en faveur d'Amédée II, comte de Genève, par un acte du 2 juin 1283[2], en ordonnant en même temps par un second acte daté du lendemain 3 juin au comte de Gruyère, au seigneur d'Oron et à d'autres seigneurs du pays, de reconnaître les comtes de Genève pour leur supérieur féodal[3].

Trois ou quatre ans après, en 1287, à la suite d'une guerre funeste entre le comte Amédée V, d'une part, et la dauphine Béatrix et le comte de Genève, d'autre part, ce dernier avait traité séparément avec le comte de Savoie, et par un acte daté du 20 novembre 1287, le comte de Genève avait cédé au comte Amédée V les hommages et les fiefs du comte de Gruyère, des seigneurs de Châtel en Fruence et *des sires d'Oron et de Blonay*[4].

Pendant ces démêlés, Jean, seigneur de Blonay, avait tenu le parti du comte de Savoie, tandis que Pierre, seigneur de St. Paul en Chablais, suivait celui de la dame de Faucigny, fille du comte Pierre. Le seigneur de St. Paul, menacé de la colère du comte de Savoie pour avoir pris parti contre lui, eut recours à l'intervention de Jean, seigneur de Blonay, qui obtint du comte qu'il pardonnerait à

de Blonay..... in burgo veteri inter villam dominorum de Blonay et villam dominorum de Orons..... » (Arch. cant. Vevey. No 14.)

[1] Compromis ci-dessus de 1284. « Salva fidelitate veri domini sui. »

[2] Voy. Ed. Mallet. *Mém. et docum. de Genève*, tom. VII, pag. 341, No 47.

[3] *Ibid.* pag. 344, No 48.

[4] Voy. *Guichenon*, l. c., tom. I, pag. 350, et Cibrario. *Docum.*, pag. 215.

son frère Pierre, moyennant une amende de 30 livres de rente annuelle assignées sur les terres de sa maison[1]. Les deux frères Jean et Pierre de Blonay avaient, en outre, contracté d'autres dettes pendant ces guerres domestiques, et le comte de Savoie leur ayant avancé 300 livres pour se libérer envers leurs créanciers, ils *engagèrent* à ce prince *l'avouerie* de Vevey pour sûreté de ces différentes sommes. C'est ce qu'on voit par un acte daté de *Versoix* de la même année 1292, par lequel le comte promet aux seigneurs de Blonay de leur restituer l'avouerie aussitôt qu'ils se seront acquittés envers lui[2]. En attendant, cette charge fut administrée au nom et au profit du comte de Savoie par les sires de Blonay à titre d'office révocable à la volonté du prince.

Cette avouerie demeura engagée au comte de Savoie jusqu'en 1306, les sires de Blonay s'étant trouvés dans l'impuissance de la retirer des mains du comte, à cause de la difficulté de trouver à emprunter de l'argent ailleurs autrement qu'à des conditions usuraires et ruineuses. La baronie de *St. Paul* sur Evian était échue en partage à Pierre de Blonay. Cette terre était un *franc-alleu*, c'est-à-dire qu'elle ne devait ni fief, ni hommage à aucun autre seigneur[3]. Pierre de Blonay consentit à remettre au comte Amédée V son château fort et mandement de St. Paul pour le repren-

[1] Acte daté de Bourg en Bresse du 15 décembre 1290, par lequel le comte Amédée V remet à Pierre de Blonay ses offenses moyennant 30 livres. (Ruchat, msc.)

[2] Promesse du comte Amédée V de rendre l'avouerie de Vevey à Jean et Pierre de Blonay, que ceux-ci lui ont engagée pour 800 livres (environ 25 000 francs actuels). Acte daté de Versoix. (Arch. du château de Blonay.)

[3] Voyez la permission donnée à Aymon, sire de Blonay, par le sire de Faucigny, de bâtir le château de St. Paul « in liberum alodium. » 26 avril 1216. (Copie vidimée aux arch. de Blonay.)

dre et le tenir dorénavant en fief et sous hommage lige de ce prince et de ses successeurs, pourvu qu'Amédée rendît aux deux frères Jean et Pierre de Blonay, l'avouerie de Vevey qu'ils lui avaient engagée en 1292. Ce traité réciproque est daté du jeudi avant la Pentecôte de l'année 1306 [1]. Il est à remarquer que la restitution en faveur des sires de Blonay de l'*avouerie* de Vevey eut lieu avec toutes ses attributions seigneuriales et fiscales, sous la seule réserve que les ressortissants de cette avouerie auraient dorénavant le droit *d'appeler* de la *cour* de l'avoué, soit du *seigneur de Blonay* à la *cour du comte de Savoie* [2]. Cette réserve était importante; elle constatait en premier lieu la souveraineté directe de ces princes sur Vevey et sur son territoire; et en second lieu elle assurait aux ressortissants nobles et bourgeois de cette ville, un recours précieux, tant au criminel qu'au civil, contre les erreurs ou les abus de la justice locale.

Dans l'intervalle Vevey avait presque doublé d'étendue du côté du couchant par la fondation de la ville neuve et du bourg franc [3]. Ces nouveaux quartiers restèrent néanmoins séparés du bourg d'Oron par des portes et les murailles de la vieille ville [4], qui se prolongeaient du nord au sud dans la rue de la *Croix-Blanche*, depuis l'angle de la *Tour au Chantre*, jusqu'au *Boatel* vers le lac [5]. Au couchant, soit du

[1] Archives du château de Blonay, titres non inventoriés.

[2] *Ibid.* « De curia dominorum de Blonay ad curiam domini comitis appellandum. »

[3] Voyez ci-devant.

[4] Vetus villa Viviaci. Ce nom servit pendant tout le moyen âge à désigner la partie centrale de la ville de Vevey.

[5] Les portes conduisant, l'une du bourg d'Oron dessus à la ville neuve, et l'autre, du bourg d'Oron dessous au Sauveur, ne furent abattues qu'en 1796. (Recueils de Tapernoux.)

côté de la grande place du marché, le bourg de la ville neuve et le bourg franc étaient entourés de hautes murailles et de fossés[1]. Le ruisseau de la *Monneresse*, qu'on appelait jadis la *Petite Veveyse*[2], traversait les deux bourgs avant de se jeter dans le lac, en faisant mouvoir plusieurs usines et les moulins bannaux de la ville[3].

Plusieurs maisons fortes, surmontées de hautes tours adossées aux murs d'enceinte de la ville, en défendaient les divers quartiers et servaient de résidence aux différents seigneurs de Vevey, qui y tenaient en même temps leurs cours de justice ou plaids publics. Ces manoirs fortifiés et gardés par des hommes armés servaient à maintenir la sécurité et au besoin l'ordre public dans la ville. Celle-ci, placée sur l'un des grands chemins qui conduisent d'Italie en France et en Allemagne, était fréquentée par beaucoup d'étrangers et habitée non-seulement par des bourgeois et des forains, mais aussi par des marchands italiens, connus dès le XIIIe siècle sous la dénomination de *Caorsini* ou Lombards, qui tenaient publiquement des banques de prêt usuraire[4] dans la rue du bourg de Blonay, qui en avait reçu le nom de rue des Lombards.

La maison forte (domus fortis) du *Doyenné* ou du *Chapitre* dans la vieille ville ou bourg dessus du Vieux-Mazel, occu-

[1] Rue des Terreaux, ou des anciens fossés, comblés, dit-on, après le sac de Vevey, par les Bernois, en 1476.

[2] Cartul. de Laus. Decimas inter duas Veveysias; magnam Vivesiam, parvam Viveysiam seu Mugneressi. Anno 1359.

[3] Rue des Anciens Moulins. (Voir le plan de Vevey.)

[4] Dans le testament de Pierre d'Oron, évêque de Sion, de l'an 1287, il est parlé des *Caorcini* de Vevey, auxquels il avait engagé sa crosse et sa mitre pour une forte somme d'argent. (Arch. de Sion, mss. du chanoine de Rivaz.)

pait l'emplacement actuel des prisons [1]. Elle était surmontée d'une haute tour carrée à laquelle s'appuyait la porte de ville conduisant à l'église de St. Martin [2]. Cette maison était la résidence du *doyen de Vevey* qui y tenait sa cour ecclésiastique *(curia decanatus Viviaci)* [3]. Les majors *(villici)*, officiers temporels du Chapitre de Lausanne, habitaient eux-mêmes une autre maison contiguë à la Tour dont ils avaient la garde [4].

Dans le même alignement, sur l'emplacement de la cour au Chantre, soit à l'angle occidental du bourg d'Oron dessus, s'élevait une seconde tour maîtresse, dont il ne restait en 1660 que les épais fondements encastrés dans les constructions modernes [5]. Suivant la tradition locale, cette tour remonterait au temps des derniers rois de la Transjurane qui avaient indubitablement une demeure royale *(curtis)* à Vevey [6]. Quoi qu'il en soit, elle appartenait dans la seconde moitié du XIIIe siècle à Girard d'Oron, chantre *(cantor)* du Chapitre de Lausanne et doyen de Vevey [7], puis doyen de Valérie à Sion, et frère de Pierre d'Oron, évêque du Valais,

[1] Anno 1284. *Domus Capituli*. (Arch. cant. Vevey, N° 14.) Le Chapitre y avait pressoir et cellier *(torcular juxta turrim Capituli)*. Anno 1227, le grenier public.

[2] Plateam inter murum (burgi veteris) et aggerem, et domus qui dicitur-Turris et portam (Capituli). (Cart. de Laus., l. c., pag. 379.)

[3] Titre de 1372. (Arch. cant. Vevey. N° 46.)

[4] Cart. de Laus., l. c., pag. 372. En 1242 le Chapitre racheta cette maison (le grenier public) des majors de Vevey, pour 85 livres. (*Ibid*. pag. 386.)

[5] Mss. de M. de Joffrey de la cour au Chantre de 1660.

[6] *Mém. et docum.*, tom. VII, pag. 2. Charte du roi Rodolphe III, de 1011, actum Vivesci.

[7] Anno 1277. Girardus de Orons, cantor Lausannensis. (*Mém. et docum.*, tom. VI, pag. 71.) Anno 1279. Cantor Laus. et decanus Viviaci. (Arch. du Châtelard.) Anno 1295. Cantor Lausannensis et decanus Valeriæ. (*Ibid.*)

qui l'institua son légataire universel[1]. Ce chanoine, aussi magnifique qu'opulent, qui acquit plus tard (1295) de l'évêché de Sion la vidamie de Montreux, la baronnie du Châtelard, avait fait rebâtir ou agrandir le manoir de famille et le légua en mourant, en 1310, à son neveu Girard, fils d'Amédée d'Oron, seigneur de Bossonens, qui succéda à son oncle dans ses dignités ecclésiastiques[2]. De là le nom de Cour aux Chantres *(curia cantorum)* donné dès lors à cette maison seigneuriale[3].

Les sires d'Oron, coseigneurs de Vevey, avaient, en outre, un autre manoir féodal, situé au-dessous de la cour au chantre, tirant en droite ligne vers le lac, soit à l'angle méridional et occidental du bourg d'Oron-dessous. Cette maison forte, appelée la cour d'Oron *(curia de Orons)*[4], était défendue par une puissante tour carrée, dont le ruisseau de la Monneresse baignait les murs du côté du couchant et qui dominait la place du *Boatel* et l'ancien débarcadère du marché de Vevey. On donnait généralement le nom de *curia*, cour,

[1] Testament de Pierre d'Oron, évêque de Sion, de l'an 1287 : « Legamus dilecto fratri nostro Girardo de Orons, canonico Laus., decano Valeriæ. (Rivaz, *Dipl. du Valais*, tom. XII, pag. 151.)

[2] Anno 1297. Girardus de Orons, decanus Viviaci. — Anno 1326. Nos Gerardus de Bossonens, canonicus Lausann. et decanus Valeriæ..... cum beate memorie D. Girardus de Orons, canter ecclesiæ Lausann. patruus noster *nobis* dederit etc. (Arch. cant. Vevey., tom. I, N° 19 et N° 124.)

[3] M. de Joffrey, msc. de 1660, dit que le nom de cette maison lui vient de ce que les chantres de St. Martin y demeuraient. — Mais il paraît avoir confondu les enfants de chœur, chantant au lutrin, avec le chantre (cantor), l'un des dignitaires du Chapitre de Lausanne. D'ailleurs le clergé de St. Martin demeurait à la clergie près St. Martin, hors de la ville.

[4] Anno 1359. Domus qui vocatur curia de Orons et casale juxta mugneressa currentem. (Titre communiqué par feu M. le ministre Chavannes de Vevey en 1840.)

aux maisons qui dans les villes étaient le siége d'une justice seigneuriale[1].

Les sires de Blonay avaient au XIIIe et XIVe siècles deux maisons seigneuriales à Vevey. La première était située au bord du lac, à l'angle oriental de la rue de Blonay-dessous, joignant le bourg de Bottonens[2]. Cette maison forte était la résidence des seigneurs de Blonay avant qu'ils eussent acquis l'avouerie de Vevey[3], et le siége de leur cour féodale dans cette ville et dans son ressort[4]. On a dit ci-devant que la juridiction moyenne et basse était exercée dans le bourg de Blonay au nom du seigneur par un officier appelé *sénéchal* ou *séchal (dapifer)*[5] dont la charge réputée noble était devenue héréditaire dans une famille de gentilshommes du nom de Séchaux[6], qui subsista à Vevey jusqu'au commencement du XVe siècle.

Lorsque les sires de Blonay eurent été investis en 1267 par le comte Pierre de Savoie de l'avouerie et vicomté de Vevey, ils acquirent en même temps la maison forte appelée plus tard des *Belles-truches*[7]. Ce manoir, véritable châ-

[1] Voyez DuCange, *Glossaire* au mot *curia*.

[2] Ce manoir fortifié occupait l'emplacement de la maison Cornillat (1660), aujourd'hui maison Rossier, au bout de la rue d'Italie, vers la place orientale.

[3] Anno 1245. Ego Aymo dominus de Blonay, notum facio..... Actum apud Viviacum in domo mea. (Arch. cant. Vevey, N° 6.)

[4] Curia dominorum de Blonay apud Viveys, anno 1284. (Arch. cant. Vevey, N° 14.)

[5] Johannes Senescalus de Blonay, anno 1216. — Johannes, dapifer de Blonay, domicellus burgensis Viviaci (anno 1271). (Cart. de Hautcrêt, pag. 106.)

[6] Jaquetus filius quondam Johannis Sechaux de Blonay, domicellus Viviaci, anno 1390. (Arch. cant. Vevey, N° 165.)

[7] Ce nom vient de celui d'une famille noble de Chambéry, dont un membre,

teau féodal avec fossés et pont-levis, et dont les vagues du lac battaient les murailles, était située à l'angle méridional de la rue inférieure du *Vieux-Mazel*[1]. Il était couronné par un haut et massif donjon carré d'où la vue dominait sur une grande portion du Léman. L'épaisseur de ses murailles était telle qu'on mangeait en famille et fort à l'aise dans l'embrasure des fenêtres de ce donjon[2]. Outre la juridiction moyenne et inférieure sur le bourg du *Vieux-Mazel*, cette maison forte était le siége de la cour féodale de l'*avoué* de Vevey, dont la haute juridiction embrassait toute la ville et le territoire de Vevey, ainsi qu'on l'a expliqué plus haut[3].

Plusieurs autres maisons nobles du pays romand, qui possédaient des fiefs à Vevey et dans ses environs, avaient dans la ville des maisons flanquées de hautes tours dont quelques-unes subsistaient encore à la fin du XVIIe siècle. Telle était la tour des Mestrals *de Vuippens* qui tenaient en fief la mestralie *(mistrallia)* de la Ville neuve[4]. La tour de

Antoine de Belletruche, épousa, au commencement du XVe siècle, Catherine, fille de Jean de Blonay de St. Paul, coseigneur de Vevey et bailli de Vaud, laquelle porta à son mari cette maison forte en dot. (Arch. de Blonay.) Les Belletruches occupaient l'emplacement du nouvel hôtel des Trois-Couronnes, dit l'hôtel Monnet.

[1] Entre la rue du Lac et la rue d'Italie.

[2] Msc. de M. de Joffrey de 1660 qui parle *de visu* et dont la famille possédait alors ce donjon démantelé.

[3] Compromis de l'an 1284, entre les sires de Blonay et d'Oron, « burgum quod dicitur de Macello, remaneat dominis de Blonay, racione advoeriæ de Viveys. » (Arch. cant., Vevey, N° 14.)

[4] Msc. de M. de Joffrey de 1660. Il n'est pas certain que ces Mestrals de Vuippens fussent de la même famille que les seigneurs de Vuippens dans le canton de Fribourg. On trouve au milieu du XIVe siècle Girardus et Perrodus Mistrali de Vuippens, bourgeois de Vevey. Catherine, fille de ce dernier, était en 1352 mariée à Jean de Genevey. (Arch. cant. Vevey, N° 133–144.)

Vuippens était située sur les anciens fossés près de la place du grand marché, entre les portes occidentales de la Ville neuve et du Bourg-franc[1].

Du même côté on trouvait la tour carrée des nobles Preux *(probi)* du Valais dans la rue du Sauveur vers le lac, ainsi que la tour ronde, dite du *Bolliet*, à l'angle du mur septentrional de la Ville neuve, sans compter les tours qui surmontaient les six ou huit portes de l'ancienne et de la nouvelle ville[2], ni les tourelles rondes ou carrées *(viorbes)* servant d'escaliers aux maisons des riches bourgeois. Ces constructions élancées, dispersées dans tous les quartiers, devaient donner à la ville de Vevey un aspect tout particulier et très pittoresque.

Au XIIIe et XIVe siècles, avant la fondation du quartier du Sauveur, le grand marché *(forum)* de Vevey occupait en partie l'emplacement de ce nouveau quartier, entre la rue dite de l'ancien port *(le Boatel)* au levant[3] et l'ancien lit de la Veveyse, marqué par le ruisseau couvert qui coupe en deux la grande et belle place actuelle[4]. Cet ancien lit de la Veveyse formait la limite entre la juridiction de Vevey et celle de Corsier, soit de Lavaux. L'emplacement du *forum* ou marché forain avait été déterminé par l'impossi-

[1] Porte de la Ville neuve à l'angle des Cornillats ou ancien hôtel des Trois-Couronnes, aujourd'hui les Trois-Rois. Porte du Bourg-franc appelée la Porte-au-vent.

[2] Au XVe siècle on comptait huit portes à Vevey, savoir : 1° Au bourg Bottonens; 2° à St. Paul; 3° à Ste. Claire; 4° au Chapitre; 5° cour aux Chantres; 6° Trois-Couronnes anciennes; 7° au Vent; 8° à St. Sauveur.

Cinq ou six de ces portes existaient encore en 1796 où le conseil décida qu'elles seraient abattues. (Recueil de Tapernoux, greffier de Vevey, msc.)

[3] Rivagium fori, en latin, 1280, l'embarcadère du marché ou le Boatel, en patois romand.

[4] Forum inter Duas Viveysias. (Cartul. de Laus.)

bilité où se trouvaient les bateliers d'aborder sur tout autre point du rivage de Vevey, à cause de la grande profondeur des eaux du lac. La chapelle du Sauveur[1] était bâtie sur le marché qui se tenait chaque mardi de la semaine et qui s'ouvrait après la messe du matin au son de la cloche de la chapelle. Tout trafiquant qui mettait en vente ses marchandises avant que la cloche eût sonné, était passible d'une amende pécuniaire[2], et la faculté d'imposer et de percevoir cette amende constituait le droit de sonnerie *(sonneria)* dont il est souvent parlé dans les chartes de Vevey[3].

Il se tenait, en outre, chaque semaine deux autres marchés à Vevey, savoir le *vendredi* sous les *Halles*, place de Ste. Claire, côté du couchant pour le *poisson*, dont on faisait une grande consommation pendant les jours maigres[4]; et le *samedi*, devant les boucheries, place du *Vieux-Mazel*, où les bourgeois et forains venaient s'approvisionner de chair fraîche pour les jours gras de la semaine suivante[5].

La ville de Vevey étant composée d'une agglomération de plusieurs bourgs ayant chacun ses coutumes et sa juridiction distinctes, la condition des habitants, comparée d'un bourg à l'autre, offrait naturellement au XIIIe et au XIVe siècles des différences notables. Dans la vieille ville, comprenant, comme il a été dit, le *Vieux-Mazel*, les bourgs

[1] Capella Sti. Salvatoris, en latin.

[2] Msc. de Joffrey, de 1660-1672. Le prêtre officiant percevait chaque fois 3 sols, pour sonner la cloche du Sauveur.

[3] Titres de 1287. (Arch. du Châtelar.) Ce droit faisait partie de ceux de la mestralie de Vevey, ainsi que la savaterie, droit payé par les savetiers en plein vent.

[4] Msc. de Joffrey. Après la réforme évangélique, les Halles furent démolies et le marché du samedi fut supprimé et réuni à celui du vendredi.

[5] Msc. de Joffrey.

d'*Oron et de Blonay*, les habitants se divisaient en feudataires nobles, en bourgeois et tenanciers mainmortables[1]. Les premiers ne devaient au seigneur qu'un simple hommage de fidélité et le laud *(placitum)* à chaque changement de vassal ou de seigneur, et le service militaire à cheval ou la chevauchée *(cavalcata)*[2]. Les bourgeois de Vevey étaient également tenus de suivre la bannière de leur seigneur, armés selon leurs facultés, et à leurs propres dépens, mais seulement pendant un jour et une nuit[3]. Ils devaient, en outre, faire le guet et la garde *(excubiæ)* dans l'intérieur de la ville[4]. Ils disposaient librement de leurs biens meubles et immeubles, en acquittant le laud *(laudem)* ou droit de mutation[5]. Ils contribuaient, en outre, à certaines impositions locales, comme le forage du vin *(omgueld)*[6] et la garde des vignes et fruits pendants *(messellerie)*.

Ils étaient par contre exempts des *vendes* ou droits perçus sur les denrées vendues dans les marchés, et de toute autre espèce de servitude, que celle de moudre leur grain et de cuire leur pain aux moulins et fours banaux de la ville[7]. Du reste les bourgeois de Vevey étaient réputés hommes francs et libres (*homines libere conditionis*).

La troisième classe était composée des habitants de Vevey

[1] Voir le cartul. de Lausanne, l. c. p. 360-361, 378 et passim.

[2] Titre de l'an 1348 (*Mém. et docum.*, tom. VI, pag 138, art. 2.)

[3] Titre de l'an 1236. (Arch. de Vevey, lay. 1, paq. 1, N° 3.)

[4] Ces obligations leur étaient communes avec les bourgeois de la Ville neuve et du Bourg franc.

[5] Titre de 1348. Supra art. 5.

[6] En 1359. Jean de Blonay, coseigneur de Vevey, affranchit les bourgeois de son fief du forage du vin. (Arch. de Vevey.)

[7] Chaque section de Vevey avait son moulin et son four banal ; le four banal (furnum parrochialem) des bourgeois de la vieille ville était au Vieux Mazel (in villa veteris macelli), titre de 1332. (Arch. cant. Vevey, N° 123.)

qui tenaient leurs biens en *main-morte*, et qui ne pouvaient en disposer ni par vente, ni par donation soit entre vifs, soit à cause de mort [1], sans le consentement exprès du seigneur ou propriétaire direct du fond et sous certaines conditions déterminées par le contrat d'investiture [2], ou à défaut par la coutume du pays. Ces tenanciers étaient de deux sortes : les uns, libres quant à leur personne (*homines ligii liberi*), n'étaient assujettis qu'à raison des biens qu'ils tenaient du seigneur, soit en fief rural ou en censière, soit en abergement *(homines censitis)* [3]. Les autres tenanciers, quoique de jour en jour moins nombreux dans la ville de Vevey, se trouvaient encore astreints à la servitude réelle et personnelle. Ils étaient taillables et corvéables à merci (*homines taillabiles*). Ainsi, par exemple, Ulric, dit *Planchamp*, de Vevey, fut affranchi (*manumissus*) et relevé de la servitude taillable (*ab omni jugo taillæ*) en 1302 par *Girard d'Oron*, son seigneur (*domini mei*), moyennant 10 livres lausannoises d'entrage (*introgio*). Il se reconnut aussitôt homme lige et franc (*hominem suum liberum et ligium*) et son bourgeois de Vevey, en s'engageant à lui payer un *cens* annuel de 6 sols et 18 sols de *plait* à chaque mutation du vassal. Il promit en même temps pour lui et sa postérité de reconnaître Girard d'Oron pour son unique seigneur, de ne contracter aucune autre bourgeoisie (*communitatem*) et de ne point se mettre

[1] Anno 1227. « J. Albus et J. Grossus emerunt fundum Capituli, Capitulo contradicente. » (Cart. de Laus., l. c. p., 361.)

[2] Cart. de Laus. « Si quis vellet terram suam vendere vel invadiare, prius exponeret eam Domino suo venalem vel obligandam. Aliter eis aliquam alienationem facere non liceret. » Anno 1228.

[3] 1263. Les sires d'Oron, coseigneurs de Vevey, reconnaissent que W. et A. dits de Bossonens, bourgeois de Vevey, sont *libere conditionis* sous hommage lige. (Kuenlin, *Dict. du canton de Fribourg*, 46.)

sous la garde d'autrui (*in garda*), sans le consentement de ce seigneur [1].

Ainsi les tenanciers ou colons des environs de Vevey ne pouvaient changer la culture de leurs fonds, ni diviser leur ténement sans la permission de leur seigneur respectif [2]. — Dans le temps de la vendange et des moissons, ils étaient tenus de fournir un repas (*prandium*) au marquiseur (*custos*), ou au décimateur du seigneur et de transporter son blé et son vin dans ses granges et celliers [3]. Dans la ville même les tenanciers du Chapitre de Lausanne (*homines Capituli*) et des autres seigneurs propriétaires à Vevey, étaient tenus, à chaque changement de la personne du tenancier ou vassal (*in mutatione cultoris vel vassali*), d'acquitter, outre la cense annuelle due pour leur maison ou chézal, un droit de relief ou de mutation appelé *placitum* ou *plait* et proportionné à l'importance du ténement [4]. Au reste les charges imposées aux tenanciers des maisons et des terres situées dans la paroisse de Vevey variaient, suivant la nature des fonds et les conditions du contrat d'investiture ou d'abergement [5].

[1] Reconnaissance d'Ulric Planchamp, bourgeois de Vevey, récemment affranchi de sa taille par Girard d'Oron, coseigneur de Vevey, du mois de février 1301. (V. st.) (*Titres du Châtelard*, pag. 12, No 185 aux arch. de La Sarra.)

[2] Anno 1227. Nec sunt injurias quæ fiunt Viviaci Capitulo Lausannensi. — « Humbertus Gaïet vendidit casale suum. Thomas fecit ortum de quadam vinea que erat Capituli. » (Cart. de Laus., l. c. p., 361 et 368.)

[3] In videmiis debet quilibet istorum (colonum) pro custodia prandium vel duos denarios ad libitum custodis. (*Ibid.*, pag. 368.)

[4] Willelmus de Viveis recepit a Capitulo tenementum patris sui Willelmi et persolvit Capitulo IV solidos de placito, anno 1225. Cart. de Lausanne, l. c. pag. 358.

[5] Anno 1218. P. de Salvion (burgensis Viviaci), acquisivit in villa de Viveis de consensu Capituli casale..... et fecit hominem ligium ad opus

Ces charges ne devaient pas être envisagées comme bien onéreuses, puisque les bourgeois de Vevey les plus aisés ne dédaignaient point de devenir tenanciers du Chapitre et des autres seigneurs, aux mêmes conditions que les hommes d'une condition inférieure[1].

On doit conclure de tout cela qu'aux XIII° et XIV° siècles la vieille ville de Vevey était habitée par des personnes de condition très diverse. Par contre dans la ville neuve fondée par Rodolphe d'Oron, tous les habitants sans distinction de naissance ou d'origine furent assimilés, quant à l'affranchissement de leur personne et de leurs biens, à la condition des bourgeois de la vieille ville[2]. En effet, par la charte de fondation de la ville neuve et libre de Vevey, le sire d'Oron déclara francs et exempts de toute servitude tous ceux qui se fixeraient dans la nouvelle ville, après y avoir demeuré *un an et un jour* sans avoir été réclamés par aucun seigneur[3]. Quoique les terrains sur lesquels on bâtit la ville neuve, fussent la propriété du sire d'Oron[4], le fondateur renonça à son droit de main-morte, en concédant aux habitants la faculté de transmettre leurs biens meubles et immeubles à

Capituli eadem conditione qua ceteri homines de Viveis. (Cart. de Lausanne, l. c. pag. 363.)

[1] Anno 1228. Michæl Pelez (de Viveys) tenet duas vineas en sovies et debet medium vinum et decimam et pascere custodem et X solidos de *plait* in mutatione cultoris. (Cart. de Laus., l. c. pag. 368 et passim.)

[2] Charte de la ville neuve de Vevey de l'an 1236. « R. dominus de Orons, de consilio suorum militum et burgensium, instituit villam novam liberam Viviaci; hæc sunt jura et forma libertatis dicte ville libere. (Arch. de Vevey, lay. 1, pag. 1, N° 2.)

[3] Homo qui venit in hanc villam et moratur ibi per annum et diem sine calumpnia, etc. (*Ibid.*)

[4] « Hanc villam liberam juraverunt dominus R. de Orons cujus est..... » (*Ibid.*)

leurs héritiers, et à ceux-ci le droit de succéder à leurs parents, sans avoir à payer aucun droit de relief ou de plait (*placitum*)[1]. Il se réserva néanmoins un droit de mutation ou de laud sur la vente des maisons et chesaux de la ville neuve, droit qu'il fixa au *dixième denier* payable par le vendeur et à une coupe de vin due par l'acheteur[2]. En même temps le seigneur d'Oron renonça au droit de *deshérence* qui lui appartenait comme seigneur direct, sur les biens des étrangers décédés dans la ville neuve, en statuant que, dans le cas où ces biens ne seraient pas réclamés par leurs légitimes héritiers dans le terme d'une année, la totalité de ces biens seraient délivrés aux prud'hommes pour être appliqués à des œuvres de charité publique[3]. Du reste les bourgeois de la ville neuve furent tenus, à l'égard du seigneur d'Oron, aux mêmes obligations que les bourgeois de la vieille ville en ce qui concerne le service militaire, la juridiction seigneuriale, les bans et amendes, le contrôle des poids et mesures et la banalité des fours et des moulins du nouveau bourg[4].

Dans le *bourg franc* habité principalement par les meuniers et d'autres industriels dont le ruisseau de la *Monneresse* faisait mouvoir les moulins et battoirs, les habitants étaient exempts des *focages* ou prestations imposées ailleurs sur chaque ménage faisant feu, pour l'habitation et la jouissance des cours d'eaux et autres avantages communaux. Par contre

[1] « Si burgensis moritur sine herede, qui non fecerit testamentum suum, et si infra annum venit legitimus heres ; ille res ejus debet habere. » (*Ibid.*)

[2] « Qui vendit domum vel casale, domino debet decimam partem denariorum inde habitorum. Qui emit, debet unam cupam vini. » (*Ibid.*)

[3] *Ibid.* « Si non venit heres, dominus debet facere eleemosynam consilio proborum hominum. »

[4] *Ibid.*

dans le bourg de *Bottonens*, consistant dans une seule rue à double rangée de maisons qui se prolonge à l'autre extrémité de la ville du côté de La Tour depuis le bourg de Blonay au ruisseau du Chêne (*rivulus de quercu*) ou Merdasson, chaque propriétaire de maison ayant six toises de face sur la rue payait annuellement au seigneur de ce bourg *douze deniers* (env. 4 fr.) d'où le nom de *thesas domorum* donné à cet impôt [1]. C'est ainsi qu'à l'époque dont il est parlé ici, c'est-à-dire au milieu du XIVe siècle, la ville de Vevey présentait encore le tableau bizarre d'une agglomération de plusieurs bourgs ou quartiers indépendants les uns des autres et régis par des chartes et des coutumes différentes. Ces anomalies nées du système féodal et de la confusion du pouvoir public avec le droit de propriété, subsistèrent à Vevey jusqu'au moment où les comtes de Savoie eurent retiré à eux la haute juridiction et le domaine éminent inféodé aux sires de Blonay et d'Oron, sous les noms de vicomté, d'avouerie et de majorie de Vevey, et réuni sous un régime uniforme toutes les parties de la ville de Vevey. Les partages intervenus entre les nombreuses branches des maisons de Blonay et d'Oron facilitèrent au comte de Savoie l'acquisition de leurs possessions à Vevey, d'autant plus que les dettes contractées par les membres de ces deux nobles maisons pour remplir envers leur prince les devoirs de leurs fiefs, s'accumulaient de jour en jour par le fléau de l'usure [2].

Dès l'an 1313 ou 1314 le comte Amédée V, dit le Grand,

[1] Titre de 1348. « Dominus habet in burgo novo de Bottonens *thesas* domorum pro quarum qualibet percipit 12 denarios omni anno. (*Mém. et Doc.*, tom. VII, pag. 139.)

[2] Anno 1342. Aymo D. de Blonay pro debitis meis, quæ erant sub usurarum voragine, persolvendis. (Arch. cant. Vevey, N° 138.)

avait acheté de Girard d'Oron, dit *l'Anglais*, toutes ses possessions à Vevey. Ces possessions mouvantes du fief de l'église de Lausanne [1], comprenaient, entre autres choses, le four banal du bourg du vieux Mazel, que le comte Aymon remit en 1332 au Chapitre de Lausanne en exécution d'un legs fait par le comte Amédée V, son père, à l'église de Notre Dame [2]. A cette époque le comte Aymon tenait déjà un *lieutenant* qui exerçait en son nom la haute justice dans la ville, conjointement avec les sires de Blonay, avoués de Vevey [3].

Peu de temps après, en 1342, Aymon, coseigneur de Blonay, de Corsier et de Vevey, pressé par des créanciers usuraires, vendit à Jean des Bertrands, évêque de Lausanne, *sa part* dans la ville de Vevey pour le prix de *mille livres* lausannoises [4] qui équivalaient à environ 80 000 fr. de notre monnaie valeur marchande.

Cette vente comprenait :

1° La part du bourg de Bottonens, provenant selon toute apparence de la dot de sa femme, *Marguerite,* fille de Rodolfe d'Oron, seigneur d'Attalens. Cette part consistait dans la rangée supérieure des maisons et chesaux de ce bourg, limitée au nord et au levant par le ruisseau du Chêne, autrement appelé Merdasson, et au couchant par la porte du

[1] Voyez un titre du mois de janvier 1313 (v. style) aux arch. cant. Vevey, (N° 117), par lequel l'évêque Pierre réclame contre cette acquisition du comte.

[2] Titres de l'an 1329 et 1332. Furnum comitis in burgo veteris villæ Viviaci, in vico inferiori. (Arch. cant. Vevey, N° 124.)

[3] H. de Gresiaco, miles, locum tenentem in villa Viviaci pro Ill. domino Aymone, comite Sabaudie. (L. c., N° 124 bis.)

[4] Titre de l'an 1342 du 31 octobre. Aymo, filius quondam nob. viri Perrodi de Blonay, condomini Viviaci, etc. (Arch. cant. Vevey, N° 133.)

bourg de Blonay, appartenant pour lors à Jean de Blonay, sire du château de Joux [1].

2° La part du vendeur au bourg du *Vieux Mazel*, située à la rue du Lac, entre les fossés de la maison forte des Bellestruches, soit de messire Jean de Blonay à l'orient, et les murailles du bourg d'Oron à l'occident, à la réserve de la maison qu'il habite dans le dit bourg et qui appartenait auparavant à Renaud de Pringie, chevalier [2].

3° Tous les droits de juridiction haute, moyenne et basse qui pouvaient lui appartenir dans la ville et paroisse de Vevey, y compris la chevauchée, les teyses, focages, bans, clames, redevances et servis dérivant de la juridiction [3].

Le vendeur excepte de cette vente la *quatrième* partie de l'*avouerie* de Vevey qui lui était échue dans les partages de sa famille [4], qu'il céda par un second acte, daté du même jour 31 octobre 1342, à *Girard, mestral de Lutry*, pour le prix de 200 livres [5], en réservant la suzeraineté (*directum dominium*) du comte Aymon de Savoie dont cette avouerie était mouvante [6], ainsi qu'il a été dit ci-devant.

[1] *Ibid.* — Partem meam burgi que vocatur Bottonens, sitam a parte superiori dicti burgi a burgo domini Joh. de Blonay, domini de Joux, a parte occidentali, et aquam de Merdasson a parte orientali et a parte superiori.

[2] *Ibid.* — Partem meam burgi veteris Macelli, sitam a fossatis dicti domini Johannis de Blonay usque ad muros existentes juxta burgum domini comitis Sabaudiæ et burgum Alexiæ relictæ domini Girardi de Orons, condominus Viviaci et juxta ripam lacus a parte inferiori.

[3] Omnem juridictionem quæ mihi competebat super rebus venditis in villa et parochia Viviaci et omnia servicia, cavalcatos, teysias, proventus et servitutes.

[4] Excepto quartam partem avoeriæ Viviaci. (*Ibid.*)

[5] Anno 1342, 31 oct. Aymon de Blonay vend à Girard, mistralis de Lustriaco, quartam partem meam avoeriæ Viviaci et territoris ipsius villæ et omnia jura dictæ avœriæ..... (Arch. cant. Vevey, N° 134.)

[6] Salvo directo domini Ill. principis D. A. Comitis Sabaudiæ, a quo dicta avoeria moveri et teneri dignoscitur. (*Ibid.*)

Cette vente, où le mestral de Lutry n'était que le prête-nom de l'évêque de Lausanne, ainsi que la suite le prouve évidemment, fut attaquée par le comte de Savoie, auquel appartenait le droit de *retrait féodal* ou de prélation sur les aliénations que le vassal faisait de son fief sans le consentement exprès du suzerain [1]. Les contestations qui s'étaient élevées entre l'évêque François de Montfalcon et les tuteurs du comte Amédée VI, au sujet de l'avouerie de Vevey [2], se terminèrent par une transaction entre l'évêque et le comte, où leurs droits respectifs dans la ville de Vevey furent définitivement réglés, à la suite d'une enquête faite par Jean de Blonay, seigneur de Joux, et François, seigneur de La Sarra [3], chevaliers, l'un et l'autre coseigneurs de Vevey, en date de la Tour-de-Peylz du 30 janvier 1349 [4].

Cette enquête et la convention qui en fut la suite, sert à nous faire connaître, d'un côté les droits des *coseigneurs* de Vevey dans leurs bourgs respectifs et de l'autre ceux qui formaient l'attribut de l'*avoué* et du prince. Il y est dit d'abord que l'évêque en tant que coseigneur de Vevey [5], n'a et

[1] Pro eo quod idem Aymo (de Blonay) eamdem (avoeriam) alienaverat sine nostra scientia, sine laude. (Titre de 1348, infra. *Mém. et Doc.*, tom. VII, pag. 140.)

[2] Cum postmodum inter D. Franciscum Episcopum Laus. et nos (Amedeus comes Sabaudiæ), super juridictionem dictorum burgorum villæ Viviaci, questio et dubium verteretur. (*Mém. et Doc.*, tom. VII, pag. 136.)

[3] François de La Sarra était seigneur du Châtelard et coseigneur de Vevey du chef de sa femme, Marie, fille unique de Girard d'Oron, coseigneur de Vevey et d'Alix de Blonay.

[4] Droits respectifs du comte de Savoie et de l'évêque de Lausanne à Vevey, daté de la Tour de Peylz le 30 janvier 1348 (v. style). (*Mém. et Doc.*, tom. VII, pag. 136.) Confirmés en 1368. (L. c. p., 192.)

[5] Videlicet quod episcopus tanquam condominus villæ Viviaci habet et habere debet Juridictionem prout inferius declaratur. (*Ibid.*)

ne doit avoir que la *juridiction inférieure ;* la *supérieure,* ou le *mère* et *mixte empire,* mouvante du comte de Savoie et de ses successeurs restait attachée de plein droit à l'*avouerie, vicomté* et *majorie* de Vevey, comme par le passé [1]. En même temps l'évêque renonça à toute réclamation relativement aux 200 livres formant le prix de la portion de cette avouerie, induement aliénée par le défunt Aymon de Blonay [2]. Du reste à l'évêque de Lausanne, comme coseigneur de Vevey, appartient :

1° Le droit de faire toutes les publications d'usage (*preconisationes*) dans le bourg dessous du *Vieux Mazel* et dans la rangée supérieure du bourg de *Bottonens* [3] ;

2° De convoquer le ban de la chevauchée (*cavalcata*) et d'infliger des punitions aux désobéissants [4] ;

3° La connaissance et le jugement des procès concernant les biens mouvants directement de son fief dans la ville et au dehors [5] ;

4° La perception des *theises* de 12 deniers sur les maisons situées, tant dans la rangée *supérieure,* que dans la rangée inférieure du bourg de Bottonens [6] ;

5° Les lauds (*laudemia*) des maisons et des fonds mouvants directement du fief de l'évêché, qui se vendent à Vevey [7] ;

[1] Avoeria et vicecomitatus cum ipsius juribus ad nos et nostros successores pertinet pleno jure. (*Ibid.*)

[2] *Ibid.*, pag. 138.

[3] In burgo de Macello veteri a parte inferiori, et in burgo novo appellato Bottonens in quarteria superiori dicti burgi. (*Ibid.)*

[4] *Ibid.*, § 2, pag. 138.

[5] *Ibid.*, § 3. « Super rebus que tenentur immediate de directo dominio ipsius, pag. 139.

[6] « In burgo Bottonens in quarreria superiori et in quarreria inferiori thesas domorum. » (*Ibid.*, § 4.)

[7] *Ibid.*, § 5, pag. 139.

6° La totalité des biens immeubles mouvants de l'évêque, tombés *en commise* ou *confisqués* sur les criminels et le tiers de leurs biens meubles[1].

A *l'avoué* de Vevey, soit au comte duquel l'avouerie mouvait, appartenaient par contre exclusivement la haute juridiction et la punition corporelle des criminels dans toute la ville en général[2], ainsi que l'incarcération et la garde des malfaiteurs. Ceux-ci pouvaient être retenus en prison par l'un ou l'autre des coseigneurs de Vevey pendant 24 heures, après quoi ils devaient être livrés à l'avoué pour être jugés et punis par la cour criminelle, composée des prud'hommes (*probi homines*) ou jurés de Vevey[3]. Cependant l'avoué pouvait déléguer au coseigneur, assisté des jurés, l'instruction de la cause et la punition du criminel, lequel ne devait toutefois être exécuté que sur un ordre (*mandatum*) exprès de l'avoué[4].

A l'avoué appartenaient en outre :

1° Les *deux tiers* des bancs de 60 sols ;

2° Les *deux tiers* des biens meubles confisqués sur les condamnés, l'autre tiers appartenant au seigneur direct ;

3° Les *deux tiers* des *clames* pour délits (*fraverie*) portées directement au tribunal de l'avoué ;

4° La visite des chemins et des terres communales (*vyantias pascuorum*) se faisait concurremment par l'avoué et

[1] *Ibid.*, § 6.

[2] *Ibid.*, pag. 140, § 1. « Alta juridictio punimentum corporis per totam villam Viviaci, etc. »

[3] « Facta prius cognitione per probos homines dicti loci. » (*Ibid.*)

[4] *Ibid.* « Punimentum et executio delinquentis per dictos dominos fieri non possunt sine avoerii mandato. »

les coseigneurs de Vevey qui partageaient entre eux proportionnellement le produit des contraventions [1].

Cette convention, qui fut confirmée à *La Tour* par le conseil du prince Amédée VI, âgé de 15 ans, en présence de ses tuteurs Louis de Savoie, baron de Vaud, et du comte de Genevois, et ratifiée par l'évêque de Lausanne [2], réglait les droits respectifs des *coseigneurs* de Vevey et de l'*avoué*, comme haut justicier de la ville et du ressort, sur le même pied que par le passé. Nous voyons en même temps qu'à l'époque où cette convention fut stipulée, la ville de Vevey était encore partagée entre plusieurs seigneurs, savoir l'évêque et *le Chapitre de Lausanne* [3], les sires *de Blonay* de la branche de Saint-Paul (en Savoie) et les seigneurs *d'Oron* dont les droits sur Vevey avaient passé en partie *au comte de Savoie* et en partie à *François de la Sarra*, seigneur du Châtelard, du chef de sa femme *Marie*, fille unique et héritière de Girard d'Oron, coseigneur de Vevey. Dès l'an 1344, *Alexie de Blonay*, veuve de Girard, avait remis à son gendre François, sire de La Sarra, tous ses droits sur le *bourg d'Oron* et la *ville neuve* de Vevey [4].

Quant à l'*avouerie*, *vicomté* et *majorie* de Vevey, elle était de même partagée entre le comte de Savoie et ses feudataires immédiats Jean de Blonay et François de La Sarra [5]. Nous

[1] *Ibid.*, § 1, 2, 3, 4 et 5, pag. 140.

[2] *Ibid.*, pag. 142.

[3] L'évêque était seigneur direct du bourg de Bottonens et du bourg dessous du Vieux-Mazel. (Vide supra.) Quant aux possessions du Chapitre de Lausanne, elles étaient mouvantes des divers seigneurs de Vevey, suivant les quartiers où elles étaient situées. (Titre de 1346), in territorio Alta villa, in Dominio de Blonay vineas Capituli. (Arch. cant. Vevey, N° 28.)

[4] Titre daté du château de La Sarra, du mois d'août 1344. (Aux arch. du château de Blonay.)

[5] Il paraît qu'Alix de Blonay, sœur de Jean, sire de St. Paul et de Joux,

trouvons effectivement qu'en l'année 1352, *Jean Curnilliat*, bourgeois de Vevey, présidait la cour de la *majorie* et *vicomté* de Vevey au nom et pour le compte de *François de la Sarra, chevalier, avoué* de Vevey [1], pour juger un procès pendant entre *François du Pont*, donzel et les deux filles de feu Pierre *Mestral de Vuippens*, bourgeois de Vevey [2].

Ce curieux procès nous fait connaître en même temps la composition du tribunal. L'*avoué*, ou son *lieutenant*, qui présidait la cour, était assisté d'un certain nombre de prud'hommes, bourgeois de Vevey [3], siégeant et délibérant avec lui, comme juges de la *coutume* [4]. Le tribunal se tenait en plein vent, en dehors des murailles de la Tour d'Oron (*curia de Orons*), soit devant la maison de *Thomas Fabri* au bord de la Monneresse dans le bourg d'Oron dessous [5]. Nous avons dit plus haut que les parties pouvaient en appeler de la cour de l'avoué à celle du comte de Savoie [6].

Les seigneurs d'Oron de la branche de *Bossonens* possé-

avait porté en dot à son mari Girard d'Oron une partie de l'avouerie de Vevey, qui passa à son gendre François de La Sarra. (vide infra.)

[1] Johannodus Curnilliati, burgensis Viviaci, gerens vices in majoria et vice comitatu villæ Viviaci, pro nob. viro domino Francisco, domino Sarratæ, condomino Viviaci milite. (Titre du mois d'août 1352. Arch. cant. Vevey. No 144.)

[2] Catherine, l'une d'elles, était pour lors mariée à Jean Genevey, bourgeois de Vevey. (*Ibid.*)

[3] De consilio proborum hominum, mecum in curia sedentium pro tribunali, etc., qui cognoverunt et judicaverunt. *(Ibid.)*

[4] Parmi ces jurés nous trouvons Pierre Preux (Probi); Michel Muzard (Musardi); Th. Favre (Fabri); Jacques de Lausanne; Mermet de Villarsel; Rolet de Tavel et plusieurs autres dont la descendance a subsisté longtemps à Vevey.

[5] Cette maison Fabri appartenait en 1840 au pasteur F. Chavannes de Vevey.

[6] Titre de l'an 1306. *(Supra.)*

daient également des rentes et des fonds à Vevey et notamment *la cour au chantre* provenant de l'héritage de Girard d'Oron, doyen de Valérie[1]. Aymon d'Oron, seigneur de Bassonens et d'Attalens, n'ayant eu que deux filles, testa en leur faveur le 12 octobre 1375. L'aînée, Catherine, mariée à Jean de Blonay, seigneur de St. Paul et coseigneur de Vevey, eut en partage avec la seigneurie d'Attalens la part du testateur aux *péages* de Vevey ; *Marguerite*, la seconde, veuve de François de La Sarra, deuxième du nom, et mère de *Nicod* et d'*Aymon de La Sarra*, eut pour sa part dans l'héritage paternel la seigneurie de Bossonens et la grande *dîme de Vevey* et de la Tour-de-Peylz[2].

L'entretien des ponts, des murailles et des portes de Vevey étaient à la charge des seigneurs de la ville. Par une convention faite en date du 3 mars 1356, François, sire de La Sarraz et seigneur du Châtelard, remit à la communauté bourgeoise de Vevey le forage ou *omgueld* du vin, perçu à raison d'*un picotin par setier*, à condition que la ville maintiendrait à ses frais et dépens le pont de la Veveyse, les portes et murailles et les bâtiments publics[3]. Cet exemple fut suivi par Jean de Blonay, qui fit avec la ville de Vevey, en date du 12 avril 1359, une convention toute pareille pour ce qui le concernait[4].

Jusqu'ici les bourgeois et habitants de Vevey avaient vécu

[1] François, sire de la Sarraz, premier du nom, coseigneur de Vevey, possédait le bourg d'Oron dessous et la maison forte appelée tour d'Oron, ainsi que le bourg de la Ville neuve. Les seigneurs de Bossonens avaient la cour au chantre et le bourg d'Oron dessus.

[2] Testament d'Aymon d'Oron, seigneur de Bossonens, du 12 octobre 1375. (Arch. cant. inv. ann. EE.)

[3] Titre aux arch. de Vevey.

[4] *Ibid.* et Collect. Gilliéron, tom. V.

sous le régime féodal à l'ombre du pouvoir protecteur des comtes de Savoie, sans avoir obtenu de ces princes d'autres libertés que celles que comportaient le droit commun et les coutumes de la province de Chablais[1]. Maintenant qu'une partie notable de la ville, ainsi que tous les possesseurs de fiefs à Vevey, relevaient médiatement ou immédiatement du comte Amédée VI, les nobles, bourgeois et habitants de Vevey[2], envoyèrent à ce prince victorieux, qui se trouvait pour lors à Morges, une députation pour le supplier d'octroyer à leur ville une charte de franchises et de libertés, semblables à celles dont jouissaient plusieurs villes du pays, comme Villeneuve, Aigle et d'autres[3]. La députation était composée de Rodolphe Preux (*Probi*); Jacques de Curtilles (*Curtillia*) et Vullielme *Forney*, bourgeois de Vevey, accompagnés d'un bon nombre d'habitants de l'un et de l'autre sexe qui avaient spontanément suivi leurs députés.

Le comte, considérant la fidélité et les bons et loyaux services rendus, tant à lui-même qu'à ses prédécesseurs, par les habitants de la ville de Vevey[4], leur octroya de bonne grâce (*de gratia speciali*) une charte de libertés et d'immunités en

[1] Cum ipsi et eorum predecessores usque nunc sub regimine umbraculo et protectione nostris vixerunt ac provincie consuetudinibus usi fuerunt..... absque eo quod a nobis vel predecessoribus nostris aliqua privilegia, libertates..... obtinuerunt. (Charte du comte Amédée VI, de 1370. Arch de Vevey, lay. 1, paquet 1, N° 3.)

[2] *Ibid.* « Tam nobiles, burgenses quam incolæ communitatis Viviaci. »

[3] Cum hodie ad nostri presentiam accedentes fideles nostri dilecti homines..... villæ Viviaci..... nobis humiliter supplicaverunt, etc. (*Ibid.*)

[4] *Ibid.* « Nos attendentes grata et accepta servitia, tam predecessoribus nostris quam nobis, per nobiles, burgenses et incolas villæ Viviaci facta et impensa, etc.

41 articles, datée de *Morges*, du *dimanche, septième jour de juillet* 1370, scellée de son grand sceau [1].

Cependant cette concession ne fut pas entièrement gratuite et la ville de Vevey dut payer au comte *douze cents florins d'or*, bon poids [2]. Mais le prince, par compensation, abandonna à la ville de Vevey pendant quinze années le produit de l'*omgeld*, des mesures du vin et du blé et d'autres émoluments que les bourgeois avaient coutume de lever pour son compte [3].

Les franchises octroyées par le comte Amédée VI, surnommé *le Verd*, à la ville de Vevey, étaient en général assez semblables à celles dont jouissaient les bonnes villes du Chablais et du pays de Vaud ; on se contentera d'en citer quelques articles [4] :

Les paragraphes 1 et 2 défendent d'imposer préventivement aucune peine ou amende aux bourgeois et habitants de la ville et du mandement de Vevey, ni de barrer ou saisir leurs biens sans la connaissance préalable (*cognitionem*) des prud'hommes, hors des cas prévus et déterminés par la coutume [5]. Selon les paragraphes 3 et 4 nul ne pouvait être distrait du juge du mandement de Vevey, où le comte avait, comme

[1] Datum Morgiæ, die dominica septima mensis julii anno domini millesimo tercentesimo septuagesimo. (Arch. de Vevey, lay. 1, pag. 1, N° 3 Original en parchemin.)

[2] *Ibid.*, § 41. Cette somme équivalait à environ 4000 francs de notre monnaie. (Cibrario, *Econ. polit.*)

[3] *Ibid.*, § 40. Longuellum vini et mensuras vini et bladorum et alia emolumenta in villa levari consueta. »

[4] La charte de Vevey de 1370 sera publiée en entier dans la collection des franchises du Pays de Vaud que notre confrère M. Fr. Forel prépare pour la Société d'histoire romande.

[5] *Ibid.*, § 1. « Nisi banna consueta ; § 2, « Nisi pro redditibus et bannis cognitis. »

les autres coseigneurs du lieu, sa cour de justice[1], sinon par voie *d'appel*. Les appels devaient être portés en première instance à la cour du bailli de Chablais, séant à Villeneuve de Chillon, et de là, le cas échéant, à la cour souveraine du prince, pourvu que celle-ci siégeât en deçà des monts[2]. Le paragraphe 5 interdit toute taxe arbitraire, toute échute ou confiscation, hors des cas de meurtre, de larcin ou de forfaiture[3]; et le paragraphe 10 défend d'incarcérer et de mettre à la question (*ad regiquinam*) ou d'appliquer quelqu'un à la torture (*ad torturam*), sans un jugement des prud'hommes de Vevey réunis en cour de justice au nombre de trois pour le moins[4]. Le paragraphe 18 restreint le droit d'ordonner *une prise d'armes* à trois cas, savoir la chevauchée du seigneur, la délivrance d'un Veveysan pris prisonnier, ou la rupture du marché[5], à moins que les prud'hommes de la ville n'en décident autrement.

L'article 11 affranchit la propriété de tous les habitants de la ville ou du mandement de Vevey, sans distinction d'état ou de sexe, sauf les choses féodales et le droit de ceux dont elles étaient mouvantes, les parents du défunt mort intestat devant lui succéder jusqu'à la cinquième génération[6].

[1] *Ibid.*, § 3. « Cum ibidem juridictionem habeamus. »

[2] *Ibid.* Item quod nos non possimus trahere extra villam Viviaci aliquam personam, nisi pro appellatione quam appellationis causam possimus committere ubi voluerimus citra montes.

[3] § 5. « Concedimus quod non possimus aliquam exactionem, exchetam vel commissionem exigere quacumque causa, nisi casibus furti, homicidii vel proditionis. (*Ibid.*)

[4] *Ibid.*, § 10. Nisi per cognitionem proborum hominum in curia existentium. »

[5] *Ibid.*, § 18. « Nisi pro cavalcatis captione burgensium vel ruptura mercati. »

[6] § 11. « Item quod omnes et singuli habitantes villæ, dominii et territorii

Cette disposition, de même que l'article 22 concernant les biens des étrangers décédés à Vevey, et l'article 23 relatif à l'indigénat acquis *en jurant la bourgeoisie* de la ville, après y avoir résidé une année et un jour sans réclamation [1], sont la reproduction presque textuelle des franchises accordées plus d'un siècle auparavant par le sire d'Oron au bourg de la Ville neuve.

Plusieurs articles de la charte de 1370 sont destinés à régler les bans et les amendes, la police des foires et marchés publics, les profits des bouchers et des boulangers, les droits des moulins bannaux, et la vente des denrées, du vin et des poissons.

L'article 28 défend aux bouchers de garder la même viande plus de trois jours, et leur bénéfice ne devait pas excéder *un denier par sol* [2]. Celui des boulangers était également limité à *deux deniers* par coupe de froment [3], et celui des *cossons* ou revendeurs de poisson à *un denier par sol* [4]. Enfin les meuniers devaient rendre une coupe *comble* de farine pour chaque coupe *rase* de grain, sous déduction de l'*éminage* ou droit de mouture ordinaire [5].

Le prince et ses vassaux ayant juridiction sur les foires et marchés hebdomadaires, il était défendu d'exposer en vente aucune denrée ailleurs que sur l'emplacement de l'ancien *forum* de Vevey, soit dans l'espace renfermé entre la

Viviaci, sexus utriusque cujuscunque conditionis possint de bonis suis disponere pro suo libito voluntatis. » (*Ibid.*)

[1] *Ibid.*, § 23. « Si quis fecerit juramentum villæ Viviaci, et ibi moram fecerit per annum et diem.... burgensis remaneat. »

[2] *Ibid.*, § 28.

[3] *Ibid.*, § 32.

[4] *Ibid.*, § 12.

[5] *Ibid.*, § 19.

place dite de *Mauconseil*, au nord, et la rive du lac au midi[1]. Ainsi qu'il a été dit ci-devant, le marché s'ouvrait après la messe dite à la chapelle du crucifix ou du Sauveur, sous la porte qu'on nommait alors *porte du marché*. Quiconque achetait avant que la cloche du marché eût sonné, était puni d'une amende de *trois sols* (environ 10 fr. de notre monnaie)[2].

Le comte, les coseigneurs de Vevey et leurs officiers n'étaient point soumis à cette défense qui ne regardait que les habitants et les forains. En revanche les bourgeois avaient le privilége d'acheter, à prix égal, sur le marché, par préférence aux non bourgeois[3].

Dans tous les cas non prévus par la charte, les coutumes de Lausanne, soit le *Plait-général* qui venait d'être public[4], devait y suppléer et servir de règle pour la ville et seigneurie de Vevey[5]; c'était mettre, sous ce rapport, cette ville au nombre des plus favorisées du pays romand.

La charte de 1370 constate qu'il existait alors à Vevey deux corporations charitables, sous les noms de confréries du *Saint-Esprit* et de la *Conception* de la Vierge[6], outre l'*ancien hôpital du Vieux Mazel* dont la fondation paraît avoir

[1] *Ibid.* § 9. Platea Maliconsilii, devant le Lion d'or, sur la grande place. (Msc. de Joffrey.)

[2] Celebrata missa capelle venerabilis Crucificis porte fori Viviaci. (*Ibid.*)

[3] *Ibid.*, § 13.

[4] En 1368. (*Mém. et Doc.*, tom. VII, pag. 208 et suiv.)

[5] Charte de 1370, § 39. « In omnibus autem aliis casibus..... juxta conditionem Lausannensem utantur. »

[6] *Ibid.*, § 21. « Confraternitates Sancti Spiritus de Viviaco et Conceptionis de burgo Macelli. » Cet article statue que la charge de recteur de ces deux confréries ne pourra être occupée plus de deux années consécutives par la même personne et qu'ils devront rendre compte chaque année de leur gestion.

été préparée en 1329 par un charitable bourgeois de Vevey, nommé Vullierme ou *Mermet d'Aubonne*[1], et achevée par son fils *Jean*, qui lui légua ses biens, et entre autres la maison qu'il possédait par moitié avec Henry de Villarzel sur la place du *Vieux Mazel* (*l'hôtel de ville actuel*)[2]. Il est parlé de cet hospice comme d'une fondation récente dans le testament de *Willelme d'Oron*, seigneur d'Arconcié et d'Illens, de 1349, par lequel il lui légue une rente de *cinq coupes de pur froment* à prendre sur sa dîme du village de Fuyens, près de Romont[3].

Ces fondations prouvent que le régime féodal sous lequel la ville de Vevey avait vécu avant d'être affranchie, n'avait pas, comme on le supposerait, empêché l'esprit d'association et la bienfaisance publique de se développer jusqu'à un certain point. Il paraît même qu'avant d'avoir obtenu une charte d'immunités, les *prud'hommes* et *bourgeois* de Vevey formaient déjà une *corporation communale* reconnue par le prince comme capable de contracter en son propre et privé nom[4]. C'est ce qui résulte d'une transaction passée, en date du 20 février 1358 (v. st.), entre Théobald de Châtillon, chevalier, au nom de sa femme Marguerite d'Oron, veuve d'Aymon de Blonay, dont il a été parlé ci-devant, d'une part, et de l'autre la ville de Vevey, à laquelle le premier

[1] Ce Mermet ayant acquis en 1327 des vignes sous Aubonne, il prit le surnom de cette ville qui passa à ses descendants. (Arch. de Corseaux, msc. de Mulinen.)

[2] Note de feu Egrège Rod. Barbier, notaire à Vevey. Henri de Villarzel fut le premier recteur de l'hôpital, en 1338 (ou 1352); la moitié de la maison de l'hôpital était à lui. (Mss. de Joffrey.)

[3] « Hospitale novo villæ Viviaci. » (Arch. cant. Vevey, No 142.)

[4] « Probi homines et burgenses communitatis et parrochiæ dictæ villæ... » (*Ibid.*)

vendit pour 500 florins le droit de pâturage et de bocherage dans ses bois de la paroisse de Blonay, vente qui fut ratifiée par le comte de Savoie, moyennant le paiement du laud qui lui était dû comme suzerain du seigneur de Blonay[1].

Quoi qu'il en soit, l'octroi d'une charte de franchises à la ville de Vevey, eut pour premier effet de changer la communauté rurale en corporation *municipale* participant au gouvernement intérieur de la ville et de son ressort, et de substituer à l'ancien procureur[2] une *magistrature* urbaine présidée par un *banneret* électif[3]. Ces franchises furent confirmées et religieusement maintenues par les comtes, puis ducs de Savoie, successeurs d'Amédée, dit le *Comte Verd*[4], jusqu'à l'époque de la conquête bernoise en 1536.

Il est à remarquer que pendant toute la durée de la domination savoisienne, Vevey continua à faire partie du *bailliage de Chablais,* séparé à l'occident par la Veveyse du bailliage de Vaud. Du reste cette ville ne fut détachée de la couronne de Savoie pour être donnée en apanage, qu'une seule fois au commencement du XVIe siècle, en faveur de Louise de Savoie, vicomtesse de Martigues qui ne la posséda pas longtemps.

Ces franchises, tout en substituant doucement à un régime variable et précaire une règle fixe et uniforme, ne touchaient en aucune façon aux droits légitimement acquis

[1] Titre du 20 février 1358 (1359 n. st.) aux archives de Vevey, produit dans la sentence souveraine de 1592.

[2] Negociorum gestor.

[3] Les anciens manuaux de Vevey remontent à l'année 1391.

[4] Savoir en 1384 par le comte Amédée VII ; en 1399 par le comte Amédée VIII ; en 1444 par Louis, duc de Savoie ; en 1484 par le duc Charles II ; en 1496 par le duc Philippe ; en 1496 par le duc Philibert, et en 1504 par le duc Charles III. (Arch. de Vevey, communiqué par M. Fr. Forel.)

des seigneurs de Vevey et des feudataires du prince dans la ville et son ressort. C'est ce que démontrent jusqu'à l'évidence plusieurs actes dont il nous reste à parler et qui sont tous d'une date postérieure à la charte de 1370.

Aymon d'Oron, seigneur de Bossonens et d'Attalens en partie, n'eut point de fils et testa en faveur de ses deux filles, en date du 12 octobre 1375. Par ce testament il donne à l'aînée *Catherine*, femme de Jean de Blonay, damoiseau, coseigneur de Bex et de Vevey[1], sa part dans la seigneurie d'Attalens et dans les recettes *du péage de Vevey*, avec d'autres rentes qui lui appartenaient dans ce mandement, et dans ceux de Corsier et de Blonay[2]. En même temps il lègue à sa seconde fille *Marguerite*, veuve de François II, sire de La Sarraz, la seigneurie de Bossonens avec sa part des *grandes dîmes* des paroisses de Vevey et de Blonay[3]. D'un autre côté, les Blonay, coseigneurs de Vevey et de St. Paul, en leur propre nom, ainsi que les sires de La Sarraz, comme héritiers des d'Oron, seigneurs du Châtelard, étaient encore en pleine possession de leur juridiction haute et basse à Vevey. La charte du comte qui réglait leurs droits sans les éteindre, restait donc une œuvre incomplète aussi longtemps que le prince n'aurait pas retiré à lui cette juridiction et les divers offices au nom desquels elle était exercée à Vevey[4]. Il devait par conséquent saisir

[1] Jean de Blonay, qualifié *domicellus* et *condominus Viviaci* dans l'acte ci-dessous de 1376, fils puîné de Jean de Blonay, seigneur de Joux, qui fut bailli de Vaud en 1390 et 1391, était cousin germain de Jean de Blonay, chevalier, seigneur de St. Paul et bailli de Chablais en 1388, qui fut témoin de l'échange fait en 1376. Le père de celui-ci s'appelait Rodolphe.

[2] Testament d'Aymon d'Oron, du 12 oct. 1375. (Arch. cant. inv. anal. EK.)

[3] *Ibid.*

[4] Savoir le vicomté et majorie, l'avouerie et la mestralie.

toutes les occasions favorables pour racheter ces offices de ceux qui les tenaient héréditairement de ses prédécesseurs.

Amédée VI, surnommé le *Verd*, avait obtenu la saisie de la seigneurie d'*Attalens*[1], échue en partage à Catherine d'Oron, femme de Jean de Blonay, coseigneur de Vevey, un échange fut conclu par l'intermédiaire de Humbert de Colombier, bailli de Vaud, à Evian, le 30 mai 1376, et ratifié par le prince à *Morges* le 11 août suivant[2]. Par ce traité, Jean de Blonay remit au comte à perpétuité :

1° Toute la juridiction haute, moyenne et basse qui lui appartenait, à quelque titre que ce fût, dans la ville de Vevey en général et au bourg de Blonay en particulier[3];

2° Tous ses droits sur les foires et marchés publics qui se tenaient soit dans la ville, soit dans les faubourgs de Vevey, y compris *la sonnerie, la savaterie* et autres émoluments perçus sur ces marchés[4];

3° La tierce part des *bans* de 60 sols encourus par les délinquants[5];

4° Enfin, l'*avouerie* et la *mestralie* avec tous les droits et revenus attachés à ces deux offices héréditaires[6].

[1] Ensuite d'un passement obtenu contre François d'Oron, seigneur d'Attalens, par Humbert de Colombier, chevalier, bailli de Vaud.

[2] Echange du 30 mai 1376, entre Amédée VI, comte de Savoie, et Jean de Blonay, damoiseau, coseigneur de Vevey. (Arch. du château de Blonay, titre coté N° 96.)

[3] *Ibid.* « Totum merum et mixtum imperium et juridictionem omnimodam altam, mediam et bassam, quam dictus Johannes habet aliquibus titulis seu causis, in toto burgo de Blonay infra villa Viviaci et in tota villa dicti loci Viviaci. »

[4] *Ibid.* « Necnon mercatum quod habet in dicta villa seu suburbiis cum sonneria et savateria. »

[5] *Ibid.* « Insuper et terciam partem bannorum sexaginta solidorum. »

[6] *Ibid.* Etiam ministraliam et advoeriam quæ habet in dictis burgo et villa Viviaci.

Par contre, Jean de Blonay retint pour lui et ses héritiers ou ayant-droit :

1° Le *domaine direct* ou la propriété seigneuriale des fiefs, censives, abergements et autres tenures mouvant immédiatement de lui[1] dans les paroisses de Vevey, de Corsier et de St. Saphorin ;

2° La connaissance et la poursuite des causes réelles et feudales concernant les propriétés ci-dessus réservées[2] ;

3° Il fut stipulé que la cour feudale chargée de connaître de ces causes domaniales pourrait se tenir dans la *maison forte* du seigneur de Blonay, à Vevey, mais non ailleurs, soit dans la ville ou dans son ressort[3] ;

4° Que toutes les causes jugées en première instance par *la cour de Blonay* à Vevey, pourraient être portées *en appel* à la cour du bailli de Chablais, et de là, s'il y a lieu, à celle du prince[4] ;

5° Enfin que le dit Jean de Blonay et ses successeurs ou ayant cause demeureront à perpétuité exempts de toute levée de deniers ou contribution quelconque imposée aux bourgeois et habitants de Vevey[5].

[1] *Ibid.* « Retentis et reservatis sibi J. de Blonay et heredibus suis perpetuo directum dominium in feudis, emphiteosibus et bonis que tenentur et moventur ab ipso. »

[2] *Ibid.* « Cognitionem feudorum et bonorum dicti Johannis (de Blonay) et rerum que moventur ab eo. »

[3] *Ibid.* « Quam cognitionem ipse J. de Blonay et sui successores facere possunt in domo sua forti Viviaci, vel in alio loco..... extra tamen totam villam Viviaci. »

[4] *Ibid.* « Appellationes vero a dicta cognitione ad D. baillivum Chablaisii pertineant. »

[5] *Ibid.* « Quo dictus J. de Blonay, ejus heredes et successores non tenerentur ad aliquam contributionem seu impositionem in dicta villa Viviaci. »

Outre ces réserves et exemptions, l'acte en question règle divers points concernant la procédure civile et feudale, de manière à prévenir tout conflit entre le seigneur de Blonay et les officiers du prince. On voit que le premier pouvait saisir ou gager les biens de ceux qui étaient ses propres débiteurs, soit pour des redevances foncières, soit pour les *toises* des maisons qu'ils tenaient de lui à Vevey, soit enfin en ce qui concernait les habitants du bourg de Blonay, pour refus de cuire leur pain ou de moudre leur grain au four et au moulin banals de ce bourg[1]. On voit, en outre, que Jean de Blonay s'était réservé la part du *péage de Vevey* qui lui appartenait soit de son propre chef, soit de celui de Catherine d'Oron, sa femme[2].

Sous ces différentes réserves et en contre-échange de la juridiction et du domaine éminent de Vevey afférent à la maison de Blonay, le comte Amédée VI abandonna à Jean de Blonay et à sa femme Catherine, tous ses droits sur le château et mandement d'*Attalens*[3], subhasté naguère au nom du prince, sur François d'Oron, coseigneur d'Attalens, en vertu d'un jugement rendu contre lui par la cour du bailliage de Vaud[4].

En même temps ce prince affranchit en faveur de Jean de Blonay les trois quarts des terres patrimoniales que celui-ci

[1] *Ibid.* « Illos de burgo de Blonay sito in villa Viviaci..... qui non voluerint coquere panes suos in furno ipsius, etc. »

[2] *Ibid.* « Quod pedagium dicti Johanni de Blonay quod levetur in dicta villa Viviaci, etc. »

[3] *Ibid.* Dictus D. comes in recompensationem et cambium meri et mixti imperii, etc., in perpetuo cessit omnes actiones, etc. in castro et mandamento de Athalens.

[4] *Ibid.* « Que dominus comes habet in manu sua per cognitionem factam per H. de Collumberio, militis, ballivus Vuaudi. »

avait reconnues en fief lige et noble du comte, d'allodiales qu'elles étaient auparavant, afin qu'il pût les aliéner ou les transmettre librement à ses héritiers, sans distinction de sexe. Le quart restant demeura assujetti aux obligations féodales auxquelles ces terres étaient soumises avant leur affranchissement[1].

Cette curieuse transaction renferme, en outre, plusieurs stipulations concernant le château d'*Attalens*, les fiefs que Jean de Blonay avait à *Bex* et la terre de *Noville* dont il était seigneur justicier[2]. Il est à remarquer, en ce qui touche Vevey, que Jean de Blonay étant mort (année 1413) sans laisser de fils, sa succession fut partagée entre ses quatre filles, qui portèrent dans la famille de leurs maris les biens que leur père s'était réservés à Vevey[3].

Le rachat effectué par le comte de S voie de la juridiction féodale dont les sires de Blonay avaient été investis pendant plus d'un siècle par les prédécesseurs de ce prince dans la ville de Vevey, fut bientôt suivi du rachat de la part qui appartenait dans cette juridiction à la maison d'Oron représentée par les sires de La Sarraz, en qualité d'héritiers de Marie d'Oron, fille unique de Girard d'Oron, seigneur de Montreux, et coseigneurs de Vevey. François de

[1] *Ibid.* Remittit et quittavit Comes Domin. novies viginti libratas de dictæ duodecim viginti libratas terræ redditibus Lausannensis annualibus sitis et debitis inter cursum aque dicte Ognyona et locum vocatum Desales (le Desaley) Remanentibus alies sexaginta libratis terræ annualibus redditibus de feudo ligio domini Comitis.

[2] *Ibid.*

[3] Louise, l'aînée, fut mariée à R. de Blonay, seigneur de St. Paul, son cousin. Mermette épousa Amédée Champion, seigneur de Vaurus; la troisième, Catherine, devint la femme d'Antoine de Belletruches, donzel de Chambéry, et la quatrième, Marguerite, Jean de Duyn, coseigneur de Bex. (Arch. cant. inv. anal. Litt. PP.)

La Sarraz, fils de François Ier du nom, bailli de Vaud et de Chablais, était mort jeune en 1372, laissant de Marguerite d'Oron, dame de Bossonens, sa femme[1], deux fils mineurs nommés Nicolas et Aymon.

Leur aïeul François de La Sarraz[2] avait contracté envers le comte Amédée VI plusieurs obligations féodales et pécuniaires qu'il n'avait point pu remplir, non plus que son fils François II. Entre autres engagements il avait pris celui de faire bâtir dans la paroisse de Montreux, dont il était seigneur, un castel *(domum fortem)* pour servir, en temps de guerre, de retraite aux habitants de cette grande paroisse[3]. Le prince lui avait payé pour cette construction une somme de 600 livres, dont ses petits-fils se trouvaient par conséquent débiteurs envers le comte, qui avait même obtenu contre eux un jugement exécutoire. — Ce fut pour prévenir les suites ruineuses de ce jugement et pour obtenir la libération de cette dette et des autres engagements pris envers le comte de Savoie, que Rodolphe de Langin, chevalier, au nom et comme tuteur légal des deux fils mineurs de François II, sire de La Sarraz, fit un accommodement avec Amédée VI, dit le comte Vert, à peu près pareil au traité que ce prince avait fait trois ans auparavant avec le sire Jean de Blonay.

Par cet accommodement conclu à *Morges* le jeudi deuxième jour de juin 1379[4], le comte de Savoie remit aux jeunes

[1] Remariée à Louis II, sire de Cossonay, en 1375. (De Charrière, *Sires de Cossonay*, pag. 115.

[2] François, sire de La Sarraz, premier du nom, était décédé en 1363, dans un âge peu avancé.

[3] Le Châtelard ne fut bâti que vers le milieu du siècle suivant, par Jean de Gingins, seigneur de Divonne, et Marguerite de La Sarraz, sa femme.

[4] Traité fait entre Amédée VI, comte de Savoie, et Nicod et Aymon de La

seigneurs de La Sarraz leur dette, les libéra des engagements contractés par leur aïeul, et leur assigna même vingt livres de rente annuelle et perpétuelle sur les revenus du prince dans la paroisse de Montreux; moyennant quoi les sires de La Sarraz, tant pour eux que pour leurs héritiers, abandonnèrent au comte et lui remirent définitivement à titre de compensation, savoir :

1° Toute la juridiction haute, moyenne et basse, le mère et mixte empire et le droit de glaive, qui leur appartenait auparavant par héritage ou à tout autre titre quelconque, dans la ville et paroisse de Vevey, ainsi que sur ses habitants de toute condition[1].

2° Tous les émoluments et droits de justice qu'ils avaient coutume de percevoir en raison de la juridiction civile et criminelle, exercée à Vevey et dans le ressort de cette ville[2].

Sont exceptés de cette cession et réservés en faveur des sires de La Sarraz :

1° Le *domaine direct* sur tous les fiefs, tennements et autres biens fonds mouvant immédiatement d'eux dans la ville et paroisse de Vevey[3].

Sarraz, coseigneurs de Montreux et de Vevey, in Castro Morgio anno 1379. Indict. 2, Die Jovis, secunda mensis Junï. (Arch. de La Sarraz; Tit. du Châtelard, pag. 41, N° 369.)

[1] *Ibid.* Rod. Dominus de Langin, militis, tutorio nomine dictorum Nicody et Aymonis, filii quondam domini Francisco domini Sarratæ..... dedit, cessit et transtulit vigore compositionis presentis..... Domino Comiti Sabaudio..... videlicet: Totum merum et mixtum Imperium et Juridictionem omnimodem et gladï potestatem..... in villa et parochia Viviaci et in quoscunque habitantes ibidem.

[2] *Ibid.* Et ipsorum meri et mixti Imperii et Juridictionis rationes, jura, emolumenta quantis sunt habere et percipere infra terminos ville et Parochinæ Viviaci et in homines habitantes ibidem, seu civilites vel criminalites delinquentes.

[3] *Ibid.* « Reservato eisdem (Dominis de Sarrata) perpetuo Directum Domi-

2° Les *lauds* de ventes, les *censes* et les *toises* des maisons et des fonds compris dans la catégorie ci-dessus[1].

3° Leurs droits sur *le péage* de Vevey, ainsi que sur la *savaterie*, la *panéterie* et autres redevances féodales de diverses espèces[2]; ainsi que la *banalité de leurs fours et moulins*[3], situés dans les quartiers de la ville de la *part d'Oron* et sur la Veveyse.

4° La faculté de tenir une cour de justice patrimoniale et féodale dans leur maison forte dite la *Tour d'Oron* à Vevey; sauf le recours par voie d'appel à la Cour du bailli de Chablais[4].

Du reste, cette transaction maintenait les sires de La Sarraz et leurs successeurs dans tous les droits domaniaux et dans toutes les exemptions et franchises réservées en faveur de Jean de Blonay par le traité de 1374, rappelé comme ayant servi de modèle à celui de 1379[5].

Au moyen de ces deux traités, conclus à peu d'intervalle l'un de l'autre avec les seigneurs de Blonay et les sires de La Sarraz, représentants de la maison d'Oron sur Vevey,

nium in fundis, rebus et bonis que teneantur et moventur ab ipsis in villa et parochia Viviaci. »

[1] *Ibid.* « Laudibus, Vendis, Censibus et Tesiis eisdem solvi solitis. »

[2] *Ibid.* Jure quod habent super pedagium Viviaci, savateria, panateria.

[3] Item quod eis liceat illos de parte de Orons pignorare qui non voluerint coquere panes suos in furonis ipsorum, et molere blada sua in ipsorum molendinis existentibus in villa Viviaci et super Vivesiam. *(Ibid.)*

[4] Item quod cognitio feudorum, emphiteosium et rerum suarum que teneantur et moventur ab eisdem in loco et parochio Viviaci, facere possint in domo sua forti dicto loci..... Appellationes vero a dicta cognitione ad Ballivum Chablaisii pertineant. » (*Ibid.*)

[5] *Ibid.* Reservato etiam Jure directo dominii et servitii et consimili Juridictione et Signoria, quas Johannes de Blonay retinuit in traditione pacta dicto domino Comiti, de Juridictione quam habebat in villa Viviaci.

le comte de Savoie rentra dans la pleine et entière possession de la juridiction civile et criminelle de cette ville et de son territoire ; dès lors Vevey dépendit immédiatement du prince et prit rang parmi les *bonnes villes* de la province de Chablais. Les droits des maisons de Blonay et de La Sarraz et leurs ayant-cause se trouvèrent réduits à la propriété et au domaine utile, avec la justice foncière[1] sur leurs propres tenanciers.

[1] Justicia feodi.

APPENDICE

NOTICE

SUR

L'ANCIENNE VIDAMIE DE MONTREUX

SOIT LA CI-DEVANT BARONIE DU CHATELARD

Les évêques de Sion, en tant que seigneurs temporels, ont possédé le petit pays de Montreux jusqu'aux dernières années du XIIIe siècle, avec la supériorité territoriale et divers droits de fiefs et d'arrières-fiefs sur Villeneuve, Blonay et Vevey. L'origine de cette possession est incertaine. Suivant la tradition elle remonterait jusqu'au règne du dernier roi de Bourgogne ou des empereurs ses successeurs[1]. Il est du moins certain que la paroisse de Montreux *Monasteriolo* est mentionnée parmi les terres du diocèse de Lausanne, dont l'évêque et le Chapitre de Sion levaient la dîme du blé et du vin dans le XIIe siècle[2]. Quoi qu'il en soit, l'évêque Pierre d'Oron ayant contracté des dettes considérables dans la guerre que ce prélat soutint contre l'empereur Rodolphe de Habsbourg, son successeur Boniface de Challans se vit con-

[1] Voir ci-devant l'*Avouerie de Vevey*, pag. 20.

[2] *Ibid.*, N° 1.

traint, pour acquitter ses dettes, d'aliéner une partie des biens de son église[1].

Il vendit à Girard d'Oron, chantre de l'église de Lausanne et doyen du Chapitre de Sion, toutes les possessions de l'église de Sion, dès la cluse de Chillon jusqu'à l'eau de la Veveyse, et spécialement la paroisse de Montreux avec tous les droits de fiefs et d'arrière-fiefs, etc., ne se réservant que le patronage et le droit de collation de l'église de St. Vincent de Montreux. Cette vente, datée de l'année 1295, fut faite pour le prix de 500 livres lausannoises, sous la condition de pouvoir racheter les choses qui en faisaient l'objet dans le terme de onze années après la mort de l'acheteur[2].

Girard d'Oron, doyen de Sion, étant mort en 1310 en instituant pour son héritier universel son neveu Girard d'Oron, fils de Pierre d'Oron, conseigneur de Vevey, l'évêque de Sion Aimon de Châtillon, successeur de Boniface de Challans, renonça, moyennant sept cent quarante livres mauriçoises, à la faculté de rachat que l'évêque de Sion s'était réservée dans l'acte de 1295[3].

Girard d'Oron, coseigneur de Vevey et de la vidamie de Montreux, pour se maintenir dans sa possession, fut obligé d'en céder une portion au comte Amédée de Savoie et de se reconnaître son vassal pour l'autre. Par un traité fait entre eux en 1317[4], Girard d'Oron céda au comte Amédée toute la partie de la paroisse de Montreux située au delà de la baie jusqu'à Chillon, se réservant l'autre partie de cette paroisse

[1] Voir Boccard, *Hist. du Valais*, pag. 72.
[2] Archives du Châtelard, titre de l'an 1295, paq. 44, N° 446.
[3] *Ibid.* 2e titre de l'an 1312, p. 1, N° 10, et p. 8, N° 48.
[4] *Ibid.* Titre de l'an 1317, p. 44, N° 477 et 479.

qui a formé depuis la *seigneurie du Châtelard*. En sorte que la paroisse de Montreux se trouva partagée en deux juridictions féodales, dont l'une, celle qui est au delà de la baie, fit partie de la *châtellenie de Chillon*. Girard d'Oron, coseigneur de Vevey, ne laissa qu'une fille, Marie d'Oron, mariée en 1338, à François, baron de La Sarraz, chevalier, baillif de Vaud et du Chablais [1].

C'est ainsi que la seigneurie de Montreux passa dans la maison des sires de La Sarraz.

François, sire de La Sarraz, eut quelques difficultés avec ses ressortissants de Montreux, relativement aux aides que ceux-ci devaient à leurs seigneurs dans trois cas, savoir : 1° lorsqu'ils parvenaient à la dignité de chevalier. 2° pour le voyage d'outre-mer. 3° pour le mariage de leurs filles aînées. Cette redevance fut rachetée à perpétuité par les gens de Montreux, moyennant une somme de trois cents livres payée une fois pour toutes en 1355.

Il avait déjà accordé aux habitants de la paroisse de Montreux l'usage dans les pâturages et les bois qui lui appartenaient (1340), pour le prix de cent vingt florins d'or ; il leur vendit ces mêmes pâturages en 1355, pour deux cents florins [2].

François de La Sarraz, premier du nom, et Marie d'Oron, sa femme, laissèrent deux fils, Aimon et François ; ce dernier survécut peu d'années à son père. Il eut deux fils, Nicod et Aimon, qui restèrent sous la tutelle de Marguerite d'Oron, dame de Bossonens, leur mère [3].

[1] *Ibid.* « Nos Franciscus, filius N. Viri Aymonis, domini de Sarrata, et Maria, uxor dicti Francisci, filia quondam domini Girardi de Orons, militis, condomini Viviaci. » Titre de 1340, p. 18, N° 284.

[2] *Ibid.* Titre de 1340 et 1355, p. 33, N° 325.

[3] *Ibid.* Titre de 1379, p. 41, N° 369.

Les seigneurs de la paroisse de Montreux, qui étaient en même temps coseigneurs de Vevey, n'avaient point de château dans les limites de cette paroisse; le siége de leur justice était à Chailly, où il y avait une maison forte appelée la *Tour de Chailly*, résidence ordinaire de leur châtelain. François de La Sarraz, premier du nom, avait fait en 1352, un traité avec le comte Amédée de Savoie, par lequel il s'était engagé à bâtir dans la paroisse de Montreux un château fort pour servir de refuge à ses sujets en temps de guerre. Le comte lui avait accordé pour celà une somme de six cents livres. Les circonstances ne lui avaient point permis, non plus qu'à son fils François II, d'exécuter cette construction. Il en résultait que les sujets de la baronnie de Montreux cherchaient un asile en temps de guerre, tantôt ici, tantôt là, dans les châteaux du comte et refusaient ensuite de contribuer à la garde et à l'entretien de ces châteaux. Pour mettre un terme à ce désordre, le comte Amédée somma Rodolphe de Langins, tuteur des fils de François II, de s'acquitter des engagements pris naguère par leur grand-père; ceux-ci ne se trouvant pas en mesure de le faire, le comte Amédée leur accorda en 1379 un nouveau traité, par lequel il fut convenu que les ressortissants de la paroisse de Montreux choisiraient l'un des châteaux voisins du comte, pour leur refuge, et contribueraient dès lors à la garde et à l'entretien du château dont ils auraient fait choix [1].

Ayant atteint leur majorité, Nicod et Aimon de La Sarraz firent le partage de leurs seigneuries; Nicod eut la baronnie de *La Sarraz*, et Aimon fut seigneur de *Montreux* et coseigneur de *Vevey*. (1403.) Celui-ci fut père de Claude de La

[1] *Ibid.* Voir le traité de 1379, 2 juin, fait à Morges, p. 41, N° 369.

Sarraz et de Marguerite, mariée à Jean de Gingins, seigneur de Divonne, chevalier, qui avait servi le roi Charles VII dans la guerre contre les Anglais jusqu'en 1440. A cette époque il revint dans ses foyers et trouva Claude de La Sarraz, frère de Marguerite, sa femme, mort depuis peu sans laisser d'enfants mâles ; Claude n'ayant eu qu'une fille qui resta sous la tutelle de sa mère.

Jean de Gingins, seigneur de Divonne, dont l'épouse Marguerite de La Sarraz lui avait apporté en dot la moitié de la seigneurie de Montreux, racheta l'autre moitié de sa nièce Jeanne et se trouva par là en possession pleine et entière de cette seigneurie. Jusque-là les seigneurs de Montreux avaient fait leur demeure à Chailly, dans les cas très rares où ils visitaient ces quartiers. Jean de Gingins entreprit la construction du château du Châtelard en 1440. A l'occasion de cette construction, à laquelle travaillèrent à tour de rôle les ressortissants de la paroisse de Montreux, il leur accorda la faculté de nommer deux ou quatre syndics pour soigner leurs intérêts communaux [1]. Cette construction ayant été achevée, Jean de Gingins et sa femme Marguerite de La Sarraz donnèrent ou confirmèrent les franchises et bonnes coutumes de la paroisse de Montreux [2]. (1457.) Il survécut peu d'années à cet acte et mourut sur la fin de l'année 1461, à l'âge de 76 ans. Il fut enseveli dans l'église de Montreux dans la chapelle des seigneurs, laissant parmi ses vassaux la réputation d'un bon seigneur et d'un vaillant chevalier [3].

[1] Titre des archives du Châtelard, de l'an 1440, 6 octobre, p. 41, N° 372. « Nos Johannes Dominus Divonnæ, Gingini et Castellarii in parochia Mustruaci.

[2] *Ibid.* Titre de 1456, 1457, p. 41, N° 366.

[3] *Ibid.* Voir le titre de l'an 1464, p. 7, N° 98. « Domina Margareta de

Jean de Gingins, seigneur de Divonne, fut le véritable fondateur de la baronnie du Châtelard. Cette baronnie comprenait dix-huit villages, distribués en neuf mestralies, savoir : la mestralie du *Chêne ;* de *Sales ;* de *Vernex ;* de *Clarens ;* de *Chailly ;* de *Brent ;* de *Choulin ;* de *Chernex* et de *Sionziex*. Elle était dotée de tous les priviléges régaliens, tels que la haute, moyenne et basse justice, et le droit du dernier supplice. Elle relevait immédiatement du duc de Savoie et du bailliage de Chablais.

Pierre de Gingins, fils puîné de Jean, seigneur de Divonne, lui succéda dans la baronnie du Châtelard en 1462[1]. Nous avons raconté ailleurs comment ce seigneur trouva la mort en défendant ses foyers contre les Bernois et les Valaisans, qui avaient fait irruption dans les environs de Vevey, pendant la guerre de Bourgogne en 1476[2]. Le château du Châtelard fut brûlé et saccagé et tous les quartiers environnants livrés au pillage. Les habitants s'enfuirent dans les montagnes et ces scènes se renouvelèrent plusieurs fois pendant cette désastreuse guerre. A la paix, des marchands de Lucerne, se prévalant de l'appui des Bernois, maîtres du pays d'Aigle, se mirent en possession de la terre du Châtelard, sous prétexte de s'indemniser de certaines marchandises qui leur auraient été enlevées à Rolle par les seigneurs de la maison de Gingins. La cour de Savoie ayant désintéressé ces marchands, retira de leurs mains la seigneurie du Châtelard[3]. Cependant Amédée de Gingins, sei-

Sarrata, relicta strenui militis domini Joh, domini quondam Divonnæ, domina Castellarii.

[1] *Ibid.* Titre de l'an 1464. ci-dessus.

[2] Voir *Mém. et Doc. de la Société d'histoire de la Suisse romande*, tom. VIII, pag 295. N° 3.

[3] *Ibid.*, pag. 387.

gneur de Belmont, oncle paternel des enfants de Pierre de Gingins, ayant représenté à la cour de Savoie que leur père était mort au service de la patrie, victime de la guerre qui sévissait alors et dans laquelle ses pupiles restèrent orphelins et dépouillés de tout bien, il obtint de la duchesse Blanche, que la terre du Châtelard leur fût restituée, moyennant le remboursement de la somme qui avait été payée pour indemniser les marchands allemands. Cette restitution eut lieu en 1490, en faveur de François de Gingins, fils aîné de Pierre, seigneur du Châtelard [1].

Dans l'entrefaite, les habitants de la paroisse de Montreux, que la crainte des Allemands avait fait passer en Savoie, étaient peu à peu revenus dans leurs foyers, et leurs jeunes seigneurs avaient autant que possible favorisé leur retour en leur accordant de nouvelles franchises. Les syndics ayant représenté à François de Gingins qu'il était très difficile de se faire comprendre et de délibérer dans les assemblées tumultueuses du Conseil général, où tous les habitants étaient admis, il institua un conseil de trente personnes, élu parmi les chefs de famille, pour administrer les affaires de la commune de concert avec les syndics [2]. (1496.)

Après la conquête du Pays de Vaud par les Bernois (1536), François de Gingins, fils de François, étant mort laissant deux fils, Michel Catelain et Jean François, sous la tutelle de Michel, comte de Gruyère, leur oncle maternel, celui-ci, considérant les charges onéreuses qui pesaient sur ses pupiles, vendit en 1549 la baronnie du Châtelard à Charles de Challant, seigneur d'Attalens, de Villarzel et

[1] *Ibid.*, pag. 409.

[2] Arch. du Châtelard, p. 70, N° 632, titre du 16 septembre 1496.

autres lieux, pour le prix de sept mille cinq cents écus d'or [1]. C'est ainsi que la baronnie du Châtelard sortit de la maison de Gingins, à laquelle elle était parvenue dans le siècle précédent par un mariage. Dès lors cette baronnie fut vendue et revendue plusieurs fois, et chaque vente diminua son étendue et son importance. Les héritiers de Charles de Challant la vendirent en 1571, à la ville de Vevey, qui, au bout de deux ans, la revendit à noble Gaspard d'Anglure, en se réservant les droits et les fonds qui en dépendaient rière la juridiction de Vevey. Ce seigneur, originaire de Lorraine, n'ayant pu s'acquitter envers la ville de Vevey, transmit ses droits à Antoine d'Allinges, seigneur de Coudré en Savoie, qui ne se montra pas plus solvable. Jean Baptiste Rotta, gentilhomme des Grisons, retiré à Genève pour cause de religion, se substitua au seigneur d'Allinges pour l'acquisition de la terre du Châtelard [2].

Les héritiers de Jean Baptiste Rotta étant tombés en faillite, le gouvernement de Berne fit faire une estimation juridique de la baronnie du Châtelard, laquelle fut estimée à dix huit mille écus ou cent cinquante mille florins; ils l'adjugèrent ensuite en 1596 [3] à noble Gabriel de Blonay, seigneur du dit lieu et de St. Léger, à charge de satisfaire les créanciers des faillis jusqu'à concurrence de la dite somme. La maison de Blonay posséda la seigneurie du Châtelard jusqu'en 1661. Philippe de Blonay la transmit à sa fille Françoise de Blonay, femme d'Etienne de Tavel, banneret de Vevey. Messieurs de Tavel vendirent en 1708 la

[1] *Ibid.* Titre du 20 septembre 1549 et 19 juillet 1550, p. 17, N° 259.
[2] *Ibid.* Titre du 27 octobre 1585, côté p. 18, N° 281.
[3] *Ibid.* Titre du 25 mars 1597, p. 17, N° 258. Prestation de serment de fidélité en faveur de noble Gabriel de Blonay, baron du Châtelard.

baronnie du Châtelard à Emmanuel Bondely, bourgeois de Berne, bailli d'Aubonne, dont les descendants ont possédé cette baronnie jusqu'à la révolution.

Nous voyons qu'à la date de 1596, cette baronnie consistait dans le château du Châtelard avec ses dépendances, estimé huit mille deux cent nonante écus d'or; sept poses de vigne sous le château, estimées deux mille deux cents florins la pose; quelques poses de champs et de curtils, et le bois du Kubli de la contenance de deux cent cinquante poses, estimées à cent florins la pose. Les plus beaux revenus de cette baronnie consistaient dans les cens et redevances féodales, tels que dîmes, corvées, gerbes de moissons, chapons; dans les services de deux cent et neuf hommes libres et francs devant la chevaucherie, et nonante-cinq hommes libres, mais liges, c'est-à-dire ne pouvant quitter la seigneurie pour s'établir ailleurs [1].

Gabriel de Blonay, baron du Châtelard, vendit en 1620 les bois du Kubli à la commune du Châtelard, pour le prix de vingt-cinq mille florins de douze sols. Après la conquête du Pays de Vaud par les Bernois, ceux-ci avaient confirmé à la commune du Châtelard les franchises qui lui avaient été accordées par Jean de Gingins en 1456, avec la réserve expresse de pouvoir diminuer, augmenter et changer, abolir et révoquer les dites franchises, toutes et quantes fois que bon lui semblera.

F. de Gingins.

[1] Archives du Châtelard, Indominures de ce château, en 1596.

PIÈCES JUSTIFICATIVES

AVOUERIE DE VEVEY

1

Echange entre Hugues, évêque de Sion, et Hugues, évêque de Genève.
A° 1005, septembre 24.
(Ex Archivo Valeriano inter instrumenta repudiata.)
A. J. de Rivaz, Diplomata ad hist. Valesiæ spectantia, tom. X, pag. 105.

Placuit atque convenit inter *Hugonem Sedunensem Episcopum* [1], necnon et ab alia parte *Hugonem Episcopum Genevensem* [2], de commutandis terris, qualiter inter se commutare debuerant, quod et ita fecerunt : dedit domnus Episcopus

[1] Ces deux Hugues, l'un évêque de Sion, l'autre de Genève, furent effectivement contemporains.

Hugues, évêque de Sion, est connu 1° pour avoir assisté, en 998, au concile romain tenu sous Grégoire V; 2° pour avoir obtenu de Rodolphe III, roi de Bourgogne, le comté de Valais en toute principauté par diplôme de 999; 3° pour être nommé dans le diplôme de ce même prince de l'an 1017, en faveur de l'abbaye de St. Maurice. Ces trois titres supposent qu'il a été au moins vingt ans évêque de Sion, et que son épiscopat est un des plus illustres de cette église.

[2] Hugues, évêque de Genève, est connu dès 994, puisque cette année il assista à l'élection d'Odilon, abbé de Cluny. C'est ce prélat qui soumit le prieur de St. Victor de Genève à l'abbaye de Cluny, du consentement de Rodolphe III, roi de Bourgogne, et de Burchard, archevêque de Lyon vers 998. Ce même évêque fut présent à la dédicace de l'église de Bâle en 1019 : il est aussi nommé dans le susdit diplôme de Rodolphe III en faveur de l'abbaye de St. Maurice de 1017.

Hugo Sedunensis, de suo *episcopatu*, de *terra sanctæ Mariæ*[1], per manum *Advocati sui Adalberti*, *Hugoni episcopo Genevensi*, *in Comitatu Vualdense* et in *villa Compendiaco* (Villeneuve) lunagios quatuor et vineam indominicatam et agrum unum, qui *Grandis campus* (Grand-Champ) nominatur, et *Castellare* prænominatæ conjacens villæ (Chillon); et usuram in Alpibus et in bosco et cæteris pascuis. Similiter in vicem et locum commutationis dedit *Hugo Episcopus Genevensis*, per manum *Advocati sui Vuidonis*, partibus *Sanctæ Mariæ* et domni *Episcopi Sedunensis Hugonis* quartam partem de *prædio* in *comitatu Vualdense* et in *villa Vacins*[2] sito ; illam videlicet partem quam *Dominus Rodulfus Luithardo* in proprium dedit. Et postea idem *Luithardus* prænominato *Episcopo* legaliter dedit fratri suo videlicet, quidquid vero ad illam quartam pertinet, in vineis, in campis, in pratis, in Alpinis et universis appendiciis totum usque ad exquisitum, — *Hugo Episcopus Genevensis Sanctæ Mariæ et Episcopo Sedunensi Hugoni* pro prænominatis rebus in concambium dedit.

Ego *Adalbertus* cancellarius hoc concambium *VIII. Kal. octob. anno XII regnante Ruodulfo rege*[3], scripsi et subscripsi.

[1] Il est étonnant que par ce titre qui n'est postérieur que de quelques années à celui de 999 de Rodolphe III, Hugues de Sion cède des terres de Ste. Marie de Sion, soit de son évêché à Hugues de Genève, sans jamais nommer St. Théodule, comme le fait le roi Rodolphe dans son diplôme. *Notes de M. A. J. de Rivas.*

[2] Il existe encore au-dessus de la Tour de Peyl, à main gauche du chemin qui conduit de cette petite ville à St. Léger et Blonay, un quartier de vignes et de prés, qui s'appelle en Vassin et qui a gardé le nom de la *Villa Vacin*, qui n'existe plus. Cette villa paraît avoir été le chef-lieu d'un territoire assez étendu, puisque l'échange ci-dessus ne formait que la quatrième partie de cet ancien territoire.

[3] Datée du 24 septembre 1005. XIIe année de Rodolphe III.

2

Affranchissement d'une famille Thiebor par Gaucher de Blonay.
14 juillet ? 1147.
(Archives de Vevey. Layette 1, paquet I, N° 10.)

In nomine Patris et Filii et Spiritus Sancti, Amen. Domnus Valcherius de Blonai [1] asoluit et dimittit liberam progeniem Thiebor in sempiternum et censum quem debebant sancte Marie et sancto Nicholao et hospitali de ponte Viuesie [2] pro amore Dei salute anime sue et parentum suorum laudante uxore sua et domno Wilelmo fratre suo [3] et laudante comite Umberto Lanceborgense [4], et laudante Carbone de Corsial [5] et uxore sua et filiis suis sic nominatis, Ulrico, Widone,

[1] Gaucher ou Vaucher de Blonay, 3e du nom, fils aîné d'Amédée II, mort vers 1142, avoué de St. Maurice en Valais.

[2] L'hôpital du pont jeté sur la Veveyse près de Vevey, dépendant de l'hospice du mont St. Bernard. Ce ancien pont se trouvait alors fort au-dessus de celui qui a été démol en 1805. Il était placé au-dessous de Corsier, en Rouvenas, sur le chemin qui conduit à Gillamont.

[3] Guillaume de Blonay, chanoine du Chapitre de Lausanne, frère de Vaucher.

[4] Humbert, comte de Lenzbourg (en Argovie), frère d'Ulrich (IX), dernier comte de Lenzbourg. (Voir le vol. IV des Mémoires des scrutateurs de l'histoire suisse, pag. 108, Berne 1821.) On avait confondu à tort ce comte avec Humbert III, comte de Maurienne, en traduisant le mot latin *Lanceborgense* par Lans-le-Bourg, village savoisien au pied du Mont-Cenis.

La présence momentanée à Vevey de ce comte H. de Lenzbourg pourrait s'expliquer, en admettant qu'il allait, ainsi que G. de Blonay et d'autres seigneurs transjurains, rejoindre l'armée de Conrad, en passant les Alpes par le St. Bernard, d'où ce corps, détaché de l'armée principale qui avait pris la route de terre, s'embarqua à Brindes et passa la mer au mois d'octobre. (Voir Mascow, *Commentar. de Rebus Imperii*, tom. II, pag. 207.)

[5] Corseaux, près Vevey.

clerico, Wilelmo, Buosmundo, Anselmo et Johanne sacerdote fratre domni Carbonis. Pagano de Salvium, et laudante uxore Uldrici fratris domni Carbonis et filii ejus. tali conditione ut remaneant in seruitio d(omni) natus Bloniacensis potius quam in servitio alterius d(om)ni, sicut liberi homines. T(estibus) Rodulfo de Pont; Giroldo de Corsiey [1]; Lodico de Corsiey; Petro de Lustriey [2]; Conone sacerdote de Blonay, et multis aliis qui hoc uiderunt et audierunt. Scripta est autem carta ista tempore Conradi imperatoris romani [3]. euntis in expugnationem paganorum [4]. Et tempore Amedei Lausannensis episcopi [5]. II. Idus Kalendarum julii [6]. Facta est autem carta ista ante altare sancte Marie supra pontem Viuesie.

(Ni sceau ni seing quelconques.)

3

Le comte de Gruyère n'ayant pu mettre en possession de l'avouerie de Vevey le seigneur Aymon de Blonay, lui affecte en gage les fonds qu'il possède dans la vallée de Lutry.

1231.

(Arch. de Lausanne, Inv. An vert No 463.)

Nos Uldricus abbas Altecriste et nos Falco prepositus Montis Jovis, Notum facimus vniuersis quod Nos vidimus

[1] Corsier, près Vevey.

[2] Lutry, district de La-Vaux.

[3] Conrad III, empereur d'Allemagne, couronné en 1138, mort en 1152.

[4] L'empereur Conrad III partit pour l'expédition d'Orient à la fin de mai 1147, et au mois de mai 1149 il était de retour à Laybach (Aemone) en Autriche. (Böhmer, Regestes, pag. 114 à 119.) Les mots *euntis in expugnationem Paganorum* marquent le commencement du voyage de l'empereur, c'est-à-dire l'an 1147.

[5] L'évêque Amédée de Hauterive élu en 1144, mort en 1158.

[6] Il semble qu'il faut lire II Idus Julii et tenir le mot *kalendarum* pour non avenu, ainsi la charte serait réellement du 14 juillet 1147.

duo paria litterarum que non erant abolite, non viciate, nec in aliqua parte sui corrupte, in hec verba. Quum memoria filiorum hominum labilis est, Notum facimus omnibus tam presentibus quam futuris quod ego Rodulfus juvenis Comes de Grueria posui in gageriam aduocatiam de Viueis pro tribus millibus solidis et viginti tribus libris, Aymoni, domino de Blonay, et quia non possumus predictam aduocatiam pacificare in instanti posui in gageriam illud quod habebam in valle de Lustrie. Et si aliquis forte vellet contradicere in aliquo, ego predictus R(odulfus) debeo in bona pace prefata manutenere. Dedi etiam ipsi H(aymoni) octo libras censuales super homines et super terram quam habebam ab Extavanens[1] usque a Lessoz[2]. Hoc totum laudauerunt uxor Columba predicti comitis Rodulfi et Petrus filius eiusdem et Humbertus Eschinuns, qui predictam gageriam in valle Lustriaci cum alio feodo tenebat de domino de Blonay. Testes huius rei sunt dominus W(illermus) de Paleysoul, dominus Petrus de Gugmens dapifer de Blonay, et dominus Cono de Vilar et dominus Uldricus de Prengie, milites, Willermus dillens (de Illens) et Guido de Mex, Remondus de Pierno et W(illermus) filius Borderin et multi alii, et hoc ut firmius teneatur sigillo nostro fecimus roborari. Hoc autem actum est anno ab incarnatione Domini M°CC°. tricesimo primo.

(Par vidimus du mois de juin 1259.)

[1] Estavanens, canton de Fribourg, district de Gruyère.

[2] Lessoc, canton de Fribourg, même district.

4

Franchises accordées à la nouvelle ville de Vevey, par Rodolphe d'Oron.

S. D. (A° 1236 circa.)
(Archives de Vevey.) Layette 1, paquet 1, N° 1.
(Par vidimus de l'an 1317.)

Nos Hugo de Chanvent, decanus Viviaci notum facimus vniuersis quod nos vidimus et de verbo ad verbum legimus quamdam litteram sanam et integram sigillatam sigillis domini *Rodulphi de Orons, militis quondam* et domini *R (odulphi) quondam comitis de Grueria* ut prima facie ápparebat; cujus tenor talis est.

Notum sit omnibus tam futuris quam presentibus, quod *Rodulphus, dominus de Orons,* consilio *A. domini de Foucigniaco* et domini *R. de Grueria*[1] et domini *Ay. de Bloniaco* et consilio domini *Willelmi de Orons*, filii prenominati *R. de Orons* et *aliorum filiorum ejusdem,* scilicet *Johannis de Orons* canonici Lausanensis, *Rodulphi* domicelli, *Amedei, Petri, Girardi*[2], et consilio suorum proborum militum et burgen-

[1] L'intervention d'Aymon, sire de Faucigny, et de Rodolphe, comte de Gruyère, dans la fondation de la Villeneuve de Vevey, se motive par la guerre qui avait éclaté entre les comtes de Genève et le sire de Faucigny, lequel s'était saisi de l'avouerie de Vevey au préjudice du comte de Genève et qui ensuite avait engagé cette avouerie au comte de Gruyère. (Voir Hisely, *Hist. des comtes de Gruyère; Mém. et Doc.*, tom. X, pag. 72 et suiv.)

[2] Alix, femme de Rodolphe, seigneur d'Oron, et leurs six fils nommés ci-dessus, sont tous mentionnés dans une charte de l'an 1240 (voir le *Cartul. du Chapitre de Lausanne*, pag. 385), laquelle est postérieure à la fondation de la ville neuve de Vevey, puisque Jean, chanoine de Lausanne, qui fut présent à cette fondation, était à Paris en 1240.

sium, instituit *villam novam, liberam, inter forum de Viviaco et villam veterem de Viviaco*. Et hæc sunt jura et forma libertatis dictæ *ville nove libere* de *Viviaco*.

Homo qui venit in villam et moratur ibi per annum et diem sine calumpnia, si quis venerit post querens eum qui fuerit sine impedimento, non tenetur ei respondere in aliquo. Et quicquid acquisierit, omne potest dare et vendere cui voluerit et recedere, liberè et villa debet eum conducere per unum diem et per noctem.

Si burgensis moritur sine herede qui non fecerit suum testamentum, dominus res eius debet commodare duobus probis hominibus consilio proborum hominum et illi debent custodire per annum et diem; et si infra annum venit legitimus heres, ille debet habere; si non venit, dominus debet facere heleemosinam consilio proborum hominum. Si quid super est, illud debet habere. Si quis mercator venit, aut peregrinus aut viator, hoc idem debet fieri.

Qui trahit cutellum in villa libera, debet lx. s.

Qui trahit dimidium ensem, lx. s.

Qui trahit lapidem extra ostium suum .... lx. s.

Qui trahit lanceam, ita quod ictus appareat in pariete vel in terra, lx. s.

Qui tirat ambis manibus, lx. s.

Qui effundit sanguinem, ita quod sanguis appareat in pariete vel in terra, lx. s.

Qui percutit de baculo, lx. s.

Qui rumpit violenter domum vicini sui, lx. s.

Si garcio vel garcia dicit aliquid turpe probo homini aut mulieri, et ab eis recipit unam alapam, non debent legem.

Mulier debet dimidiam legem hominis.

Dominus, quotiescunque vult, potest facere venire ante se

omnes mensuras et si aliquam inuenit falsam, tres solidos debet.

Qui duas mensuras habet, unam magnam et unam parvam in mercatione, domini est.

Si quis inventus est in misericordia et probalus est per duos burgenses qui non sunt famuli domini, bracis etiam tractis, debet lx. s.

Qui concedit fideiussionem de cognito clamore, debet domino iij s. et dominus debet cogere debitorem ut ei satisfaciat qui clamorem fecit.

Omnes debent sequi dominum per unum diem et per noctem, quocumque ire voluerit et expensa sua pro suo proprio negocio. Et si quis de villa vult eum sequi ulterius, ipse debet eum servare indempnem in expensis et in aliis necessariis.

Si dominus facit chonagiam *(sic)* consilio villæ et ponit bannum suum, ille qui non vult ire, debet lx. s. si non occasionem possit.... rationabilem.

Manifesti usurarii quos ecclesia non recipit, domino sunt.

Casalia militum non debent excubias in eo .... quæ burgensis emerit.

Infra terminos villæ non debet aliquis capi, nisi latro aut proditor et cum cognitione.

Quelibet bolengeria debet denariatam panis in festo Sti. Andreæ.

Qui vendit domum aut casale, domino debet decimam partem denariorum inde habitorum. Qui emit, domino debet unam cupam vini.

Burgenses de villa libera debent molere ad molendinum domini et stare ibi per diem unum et per noctem unam, quod nisi fecerint debent iij s. Et tunc si non possunt molere infra dictum tempus bladum suum, possunt facere alibi et non debent bannum. Dominus debet habere in molendinis suis de tribus modiis unam cupam.

Burgenses de villa libera debent omnes quoquere ad furnum domini, et si competentem locum quoquendi habere non potuerint, possunt ire ad alium furnum. Fornerius de jure et consuetudine debet ex una parte portare la *mey* et cuius est panis ex alia.

Dominus habet in villa lx. dies credentiam, si redditorem vel fidejussorem posuerit. Et si pignus suum reliquerit quod plus tertiæ partis valeat, per annum et diem debet custodiri, ita tamen quod hospes nihil perdat. domino sicut hospiti extraneo debent vendere.

In omnibus hiis quæ supra diximus, dominus debet accipere misericorditer legem suam et bannum suum.

Hanc villam liberam juraverunt dominus Rodulphus de Oron, cuius est dominus, et Willelmus eiusdem filius, dominus R. comes de Grueria; dominus Ay. de Focigniaco; dominus Aymo de Blonay, in cuius rei testimonium suorum sigillorum munimine presentem cartulam roboraverunt.

In cuius visionis testimonium nos dictus decanus Viviaci sigillum nostrum presenti littere duximus apponendum.

Datum die Mercurii post festum Sti Barnabe, Apostoli, anno domini M°CCC° decimo septimo.

5

Cession et reprise de fiefs par les seigneurs W. N. et H. de Fruence, à Pierre de Savoie.

18 juillet 1244.

Willelmus et Nicolaus de Fruentia, et Henricus, decanus ecclesiæ Lausann., fratres, composita pace inter eos et dominos Petrum de Granzon et Henricum de Chanvenz, interveniente Petro de Sabaudia, donant dicto Petro de Sabaudia castrum de Chastel [1], et quicquid habebant in valle de Fruentia [2], et Petrus de istis bonis infeodat filium dicti Willelmi, Jordanum, qui facit homagium Petro supradicto absolutum; Willelmus verò de Fruentia facit homagium eidem Petro, *reservata fidelitate debita Comiti Gebennensii*, et Nicolaus, salva fidelitate debita domino de Blonay.

Datum die lunæ ante festum B. Mariæ Magdalenæ, Anno. Domini 1244, apud Rotundum montem [3].

(Wurstemberger, *Histoire du comte Pierre II*. Preuves N° 181.)

6

Garantie promise par le comte de Gruyère à Aymon de Blonay, de l'avouerie de Vevey, que celui-ci avait dû racheter de Rodolphe de Rue, lequel la tenait en gage de Wuilleime, comte de Genève.

1245, mars.

(Arch. de Laus. Inv. Anal. Pt. N° 463.)

Item alia littera. R(odulphus), Comes de Grueria, omnibus tam presentibus quam futuris presentem paginam inspecturis rei geste notitiam cum salute. Cum propter varios discursus temporis mutentur aliquando et mentes hominum, inde est quod litterarum opera *oblivionis periculo est subveniendum*. Cum ergo Ay(mo) nobilis vir, dominus de Blonay, aduocatiam de Viviaco redemerit pro quinquaginta libris Lausannensibus

[1] Châtel-St-Denis, canton de Fribourg.

[2] La vallée de Fruence, canton de Fribourg.

[3] Romont, canton de Fribourg.

à domino R(odolpho) de Rota [1], qui eam habebat pro eodem precio *à nobili Comite V(ulliermo) Gebenn.* pro gageria, et idem comes eandem habebat à nobis pro prædicta summa [2]. Nos tenemur bona fide prefato Ay(moni) domino de Blonay, dictam aduocatiam omnibus modis contra omnes guerentire. Et ut hoc firmum et ratum permaneat, presentem paginam sigilli nostri munimine fecimus roborari. Actum anno gratiæ M°.CC°.XL°. quinto, mense martii. Et nos præfati abbas et prepositus sigilla nostra presenti carte apposuimus in testimonium, quod nos supra dicta duo paria litterarum vidimus sicut superius est expressum. Datum anno Domini M°.CC°.L°. nono, mense junii.

7

Vente de la Tour de Vevey, par Philippe de la Tour, à Pierre de Savoie.
1251, janvier.
(Extrait.)

Philippus de Turre juxta Viviacum vendit Petro de Sabaudia partem suam dictæ turris de Viviaco cum dependentiis, quas tenet in feodum à Comitibus Gebennensibus; et ultrò vendit Petro homines de Chiesa; advocatiam Portus Valesiæ; piscariam Rhodani et teloneum salis juxta turrem Viviaci, *que omnia tenet in feodum Comitum* prædictorum *Gebennensium;* et hæc omnia vendit pretio triginta librarum Lausannensium. Act. Mense Januario, A°. D°. MCCL°.

(Wurstemberger, *Hist. du comte Pierre II.* Preuves, N° 264.)

[1] R. de Rue, seigneurie du canton de Fribourg.

[2] Cette phrase « et idem Comes eandem habebat a nobis » est expliquée par la note 1, ajoutée au bas de l'acte de fondation de la Villeneuve de Vevey, ci-devant, N° 4, pag. 96.

8

Promesse de vente de l'avouerie de Vevey, par le comte de Gruyère, à Pierre de Savoie.

1257, mai 1.

(Extrait.)

Rodulphus, Comes Grueriæ, consentientibus Guillermeta uxore et Petro primogenito illius, vendit Petro de Sabaudia *Avoeriam* de Viveis, et infra aquas quæ Vivesia et Baia dicuntur, et a lacu usque ad castrum de Fruentia, et *Vicecomitatum et Majoriam* dependentes a dicta avoeria et quæ recognoscebantur de feudo dicti Petri de Sabaudia, pretio quadringentarum et viginti librarum Lausannensium, habitis per manum Hugonis de Grandimonte, castellani Chillionis, nomine Petri de Sabaudia. In festo Philippi et Iacobi Apostolorum. Anno Dom. *M°.CC°.L°. septimo.*

Wurstemberger, *Hist. du comte Pierre II.* Preuves, N° 448, A.)

9

Promesse par le comte de Gruyère au seigneur de Blonay, de lui donner, pour et au nom de Pierre de Savoie, la plus-value de l'avouerie de Vevey, vendue par le dit seigneur de Blonay au dit Pierre de Savoie.

1257, mai 1.

(Extrait.)

Rodulphus, Comes de Grueria, promittit Domino de Blonay pro Domino Petro de Sabaudia, ut sibi daretur, quantum supra plus valebit Advoeria de Viveys, quam dictus dominus de Blonay vendiderat ipsi Petro de Sabaudia pretio ducentarum librarum. Actum Mense Maji, Anno Dom. *M°.CC°.L°. septimo.*

(Wurstemberger, l. c., N° 448, C.)

10

Indemnités promises à Pierre de Savoie, par le comte de Gruyère, pour les dommages qu'il pourrait éprouver au sujet de son acquisition de l'avouerie de Vevey.

1257, mai 1.

(Extrait.)

Rodulphus, Comes Grueriæ, promittit Petro de Sabaudia indemnitates pro omnibus damnis quæ illi erogare possint de acquisitione Advocatiæ de Viveys. Mense *Majo.* Anno Dom. *M.CC.L.VII.*

(Wurstemberger, l. c., N° 448, D.)

11

Promesse par le comte de Gruyère de garantir Pierre de Savoie contre le comte de Genève, à raison de la vente qu'il lui a faite de l'avouerie de Vevey.

1257, mai 1.

(Extrait.)

Rodulphus, Comes Grueriæ, promittit Petro de Sabaudia se defensurum contra Comitem Gebennensem Avoeriam de Viveys, quam ipse Rodulphus vendiderat dicto Petro ; et sigillum suum (cum grue) appendit his litteris. Mense *Majo*. Anno Dom. *MCCLVII*.

(Wurstemberger, l. c., N° 448, D.)

12

Lettre du comte de Gruyère à la veuve de Rodolphe d'Oron, concernant la vente de l'avouerie de Vevey à Pierre de Savoie.

1257, mai 1.

(Extrait.)

Rodulphus, Comes Grueriæ, scribit relictæ Rodulphi, domini de Oron, se vendidisse advocatiam de Viveys Petro de Sabaudia, mandatque dictæ dominæ de Oron, ut recognoscat dictum dominum Petrum, ratione istius venditionis. Actum in festo Philippi et Iacobi, Anno Dom. *M°.CC°. quinquagesimo septimo*.

(Wurstemberger, l. c., N° 448, B.)

13

Extrait d'échanges entre Henri de Raronia, évêque de Sion, et Pierre de Savoie.

1260, septembre 5.

Universis presentes litteras inspecturis Henricus, Dei gratia, Episcopus Sedunensis et Petrus de Sabaudia rei gestæ notitiam cum salute. . . . .

. . . .

Nos prædictus Episcopus prudentes, scientes et spontanei habito super hoc procerum nostrorum et fidelium Ecclesiæ nostræ consilio et assensu expresso, permutamus ac permutationis titulo tradimus et assignamus eidem Domino Petro accipienti pro se et heredibus suis, commoditate tocius Reipublicæ nostræ hanc permutationem fieri plurimum suadente, Castra nostra de *Cresco*, de *Chamosono*, de *Martigniaco* et quidquid habemus in villa et parocchia *de Mustrus* prope Chillon, sit corporale vel incorporale cum investituris et pertinentiis eorumdem[1]. Videlicet: pratis, vineis, pascuis, juribus aquis, aquarum decursibus, piscariis, feudis, allodiis, viis, inviis, nemoribus montanis, et quibuscumque rebus aliis corporalibus et incorporalibus quo nomine censeantur. Et generaliter quæcumque habemus vel habere debemus ab aqua quæ dicitur Morgia, inferius versus civitates Lausannensem et Gebennensem ubicunque[2]. Retentis nobis feudis et fidelitatibus factis Illustrium Virorum Comitis Sabaudie et *Comitis Gebennensis* . . . .

. . . .

Actum apud Morgiam. Datum autem apud Sedunum in Capitulo nostro. Anno domini *millesimo ducentesimo sexagesimo, die quinto mensis septembris*.

(Wurstemberger, l. c., N° 548.

[1] La paroisse de Montreux, district de Vevey.

[2] C'est-à dire le Bas-Valais, et les districts vaudois d'Aigle et de Vevey.

14

Extrait d'échanges entre Aymon, sire de Blonay, et Pierre, comte de Savoie. 1267, mars 29.

Aymo, dominus de Blonay, cedit Petro, Comiti Sabaudiæ quidquid iuris competebat sibi in mercato Sancti Pauli [1], et in castro de Fonz [2], et mille libras, quas dictus Aymo mutuo dederat Comiti : et recepit in concambium a predicto Comite *advocatium de Viveys*, et quidquid competebat Comiti inter *Dranciam et Brest*, cum rebus aliis in instrumento designatis. *Act. IV Kal. Aprilis, Anno Dom. M°.CC°.LX°. septimo.* (Wurstemberger, *Hist. du comte Pierre II.* Preuves, N° 725 ; et *Mon. hist. pat.* Cartar. tom. I, col. 1475.)

15

Jean, évêque de Lausanne, confirme la remise du château de Font[3], faite au comte Pierre de Savoie par Aymon de Blonay.
A° 1267, août 18.
(Archives royales de Turin.)

Nos *Johannes*, Dei gratia, Lausannensis Episcopus, notum facimus universis quod *Aymo*, *Dominus de Blonay*, transtulit

[1] St. Pôl, sur Evian en Chablais (Haute Savoie).

[2] Le château de Font (canton de Fribourg), sur le bord oriental du lac de Neuchâtel.

[3] Le château et la seigneurie de Font *(Font regale castellum en 1011)* appartenaient pour lors à la maison d'Estavayer. Renaud d'Estavayer, seigneur de Font, tenait cette seigneurie en fief d'Aymon, sire de Blonay.

in Illustrem Virum Dominum *Petrum, Comitem Sabaudiæ* et in hæredes sive assignatos suos, quidquid juris habebat et habere poterat in feodo castri de Fons et pertinentiis ejusdem castri quod *Renaldus de Estavaye* tenebat ab eodem; præcepitque idem Aymo eidem Renaldo, ut dictum feodum recognosceret, et de dicto feodo responderet et pro eodem servitium redderet Comiti supra dicto et hæredibus sive assignatis ejusdem; prædictus autem *Renaldus* ad mandatum dicti *Aymonis* promisit dicto Comiti stipulanti, se facturum servitium pro dicto feudo secundum exigentiam ejusdem, hoc salvo quod nullum homagium tenetur facere pro eodem. Recognovit autem dictus *Renaldus* esse de feodo Castrum de Fons et quidquid est infra banno dicti Castri et promisit se inquisiturum quidquid superest de dicto feodo infra quindecim dies et recogniturum. In cujus rei testimonium ad præces dictorum *Aymonis* et *Renaldi* sigillum nostrum una cum sigillo dicti *Renaldi* apposuimus huic cartæ. Datum *anno Domini millesimo ducentesimo sexagesimo septimo, die Jovis post festum Assumptionis Beatæ Mariæ.*

(L. S.)

Collat. cum originali existenti in hoc regio Archyvio Taurini, die 6° septembris 1749.

(Signatum.) B. Cottalorda Regy, Archivy prof.

16

Compromis entre Jean, Pierre et Aymon de Blonay, d'une part, et Pierre d'Oron, coseigneur de Vevey, d'autre part, à raison de leurs partages et autres droits qu'ils ont à Vevey et à Corsier.

A° 1284, 11 novembre.

(Arch. cant. Vevey, N° 14.)

(Vidimus de 1318.)

Sub sigillo curiæ Lausannensis ac sigillo venerabilis viri domini *Willermi*, decani Lausannensis. Nos *Rodulphus*, humilis abbas *Abundanciæ*. *Willermus, dominus de Everdes, ballivus* ex parte illustris viri domini *Philippi*, *Comitis Sabaudiæ*, in Waudo; magister *Rodulphus de Viviaco*, *Judex* dicti domini *Comitis* in partibus istis; dominus *Walterius de Chamoson, castellanus de Rotondo-monte*; dominus *Petrus de Colomberio, castellanus Alingii-novi*; *Anthelmus Porterii* de Tornens, *castellanus Chillionis*; *Cono de Chastenay, castellanus de Contesio* et *Jacobus de Leydes, castellanus de Rota*, per præsens scriptum notum facimus universis præsentibus et futuris quod nobiles viri *Johannes* et *Petrus de Blonay*, pro se et *Aymone* fratre suo, ex una parte, et *Petrus de Oron, condominus Viviaci*, ex altera, compromiserunt in nos tanquam in arbitros arbitratores seu amicabiles compositores, super universis querelis, controversiis, violentiis, injuriis et dampnis, hinc inde datis, prout in quibusdam litteris inde confectis sigillis *Johannis de Blonay* et *Petri de Oron* prædictorum, cum aliis sigillis sigillatis plenius continetur. Et nos amici superius nominati, suscepto in nos prædicto compromisso de prædictis controversis, dampnis, injuriis et violentiis, dicimus, statuimus et ordinamus præsentibus partibus in hunc modum. Primo dicimus quod bona pax firma et perpetua sit inter ipsos. Item quod *Amedeus, filius Petri de Oron* partagium quod ipse et cohæredes sui de feudo episcopi Lausannensis et episcopi Sedunensis tenent, recognoscant se tenere per partagium a *Johanne de Blonay* et *fratribus* suis et quod ipse filius *Petri de Oron* et successores ejus in dicto feudo pro partagio suo faciant homagium eidem *Johanni* in futurum, salvis fidelitate et homagio veri domini quem debet ipse filius nominare, et per hoc homagium debet ipse *Johannes de Blonay* eidem facere guerentiam penes dominum dicti feudi. Item dicimus quod dictus filius et successores sui faciant dictam recognitionem et homagium in villa dominorum de Blonay, in burgo veteri, juxta charreriam communem, inter villam prædictorum *dominorum de Blonay*, ex una parte, et villam *dominorum de Oron* ex altera. Item dicimus quod si questio verteretur inter dominos *de Blonay*, ex una parte, et dictum filium et ejus successores, ex altera, super partagio prædicto et rebus existentibus de feudo dictorum episcoporum, quod ipsa questio in loco prædicto, coram *curia dominorum de Blonay* ventiletur; Ita tamen quod si gravaretur, ipse filius vel ejus successores, in ipsa curia, quod ipsi possint *habere ad superiorem recursum* prout justum fuerit. De aliis vero quæstionibus vertentibus inter ipsos vel vertendis, veniant et faciant prout inter ipsos hactenus extitit consuetum. Item dicimus, ordinamus et statuimus quod murus ædificatus per *dominos de Oron*, a porta usque ad *domum Capituli Lausannensis*, inter casale *Thomæ Albi*, ex una parte, et viam communem, ex altera; amotis *merlis* [1] totius muri novi, *defensis fenestris archeriis* [2] muratis, remaneat in loco

[1] *Merlis*, creneaux.

[2] *Fenestris archeriis*, — archières; — meurtrières; ouvertures longues et étroites, pratiquées dans les murailles d'une ville.

prædicto; ita quod *Thomas Albi* prædictus possit ædificare in casali suo appodiando et ponendo trabes suos et tigna [1] et ædificia sua in dicto muro firmare; hoc excepto quod ipse Thomas non possit dictum murum perforare nec facere fenestras. Item dicimus et pronunciamus quod infra unum mensem postquam burgenses et habitatores ipsius burgi veteris de Viviaco dominorum *de Blonay* reversi fuerint ad domos suas, seu casalia dicti burgi et ibi habitaverint vel maior pars ipsorum, ambæ portæ ipsius muri novi et murus supra portas amoveatur, cum muro qui obstrudit charreriam quà itur versus ecclesiam *Sancti Martini*. Item dicimus et ordinamus quod servicia et usagia quæ *domini de Blonay* percipiunt in hominibus *dominorum de Oron* et suorum in parrochia de *Corsie*, ratione *avoeriæ* vel alterius dominii, quod illi domini *de Blonay* illa servicia et usagia de cetero percipiant secundum usum et formam quibus percipiebant, *triginta annis* elapsis, et si quæ novitates factæ sunt in dictis servitiis a dicto tempore tunc esset . . . . Item pronunciamus et ordinamus quod pascua accensata in parrochia de . . . . ad statum pristinum redducantur. Secundum quod per ple . . . .
. . . . quod burg . . . . quod dicitur macellum remaneat *dominis de Blonay* . . . . dicti *domini de Blonay* et *domini de Oron* et homines ipsorum habent et habuerunt . . . .
. . . . consuetum observant. Item dicimus et pronunciamus quod quidquid . . . .
. . . .

[1] *Trabes; tigna*, = poutres, solives.

quod illa reddat. Item dicimus et pronunciamus quod si quid . . . . dubium ambiguum . . . . per nos pronunciatum est quod . . . ad nos retinemus cum aliis controversiis de quibus non est c . . declaratum. In quorum omnium testimonium nos amici prædicti, sigilla nostra præsentibus duximus apponenda. Datum apud *Viviacum, anno domini millesimo ducentesimo octogesimo quarto, in festo beati Martini yemalis.* Nos vero officialis curiæ Lausannensis et Willermus, decanus Lausannensis, in testimonium dictæ copiæ extractæ et ab exemplare originali, nos dictus officialis sigillum dictæ curiæ Lausannensis, et nos dictus Willermus, decanus, sigillum nostrum apposuimus huic scripto. Datum anno domini millesimo tercentesimo decimo octavo, die Veneris post dominicam qua cantatur *Reminiscere.*

17

Vendition de la vidamie de Montreux, faite par Boniface, évêque de Sion, du consentement de son Chapitre, à Girard d'Oron, chantre de l'église de Lausanne et doyen de Valérie.

L'an 1295, le 6 avril.
(Vidimus de 1311.)

Nos Hugo de Chanvens, decanus de Viviaco, Lausannensis diocesis, Notum facimus universis, quod Nos vidimus et diligenter inspeximus, ac de verbo ad verbum legimus quandam cartam non vitiatam, non cancellatam, nec in aliqua sui parte corruptam, sed sanam et integram, tam in carta quam signo, prout prima facie apparebat, cujus tenor talis est : In nomine Domini, Amen. Anno ejusdem millesimo ducentesimo nonagesimo quinto, indictione octava, octavo Idus Aprilis, in civitate Sedunensi in domo Episcopali, præsentibus Dominis Johanne, Cantore Ecclesiæ Sedunensis; Uldrico de Laques; Anthonio Huboldi; Juliano Musardi; Canonicis Sedunensibus; Johanne, Curato de Mustruez; Petro d'Albignion, Domicello et pluribus aliis ad hoc vocatis et rogatis, ibique cum Reverendus in Christo Pater Dominus *Bonifacius*, Dei gratia *Episcopus Sedunensis*, Venerabili Viro Domino *Girardo de Oron, Cantori Ecclesiæ Lausannensis* et *Decano Valeriæ in Ecclesia Sedunensi* recipienti nomine suo et hæredum seu assignatorum suorum, de laude et consensu Capituli Sedunensis, vendidit et titulo puræ perfectæque venditionis tradidit res et possessiones infra scriptas, cum juribus, decimis, et pertinentiis suis universis, videlicet *Vicedominatum de Mustruez*[1], Lausannensis Diocesis, et quidquid juris, rationis, proprietatis, possessionis vel quasi et dominii habebat vel habere debebat exquacunque causa vel quocunque modo, nomine Ecclesiæ Sedunensis, a *Clusa Chillionis usque ad aquam* quæ vocatur *Vivesia*[2] et specialiter in *Parochiis de Mustruez, de Blonay* et de *Viviaco*; videlicet in terris, pratis, vineis, nemoribus, ochiis, arboribus, domibus, hominibus, talliis, servitiis, aidis, usagiis, meneydis, censibus, terragiis, furnis, molendinis, jurisdictionibus, decimis, cursibus aquarum et rebus aliis singulis et etiam universis ubicunque sint et quocunque nomine censeantur et specialiter quidquid sibi de bebaturapud *Villamnovam* ratione terragiorum, possessionum, dominii et juridictionis de Mustruez, et specialiter homagium et fidelitatem quod et quam debebant eidem Domino Episcopo, *Domini de Blonay*

[1] Le vice dominat ou vidonnat (vidamie) de Montreux.

[2] Depuis la cluse du château de Chillon, jusqu'à la Veveyse, comprenant les anciennes paroisses de Montreux, de Blonay et de Vevey.

ratione feudi quod tenent a dicto Domino Episcopo et Ecclesia Sedunensi a Clusa Chillionis usq. ad aquam quæ Vivesia dicitur et si ultra dictam aquam aliquid de dicto feudo reperiretur cum pertinentiis, appendiciis et Juribus universis dicti feudi, ad ipsum pertinentibus et dictam Ecclesiam Sedunensem a Clusa Chillionis inferius versus Lausannam; exceptis *Jure præsentandi Rectorem in Ecclesia de Mustruez,* homagio recepto seu procurationem et aliis usagiis quæ dicto Episcopo debentur a Capitulo Lausannensi [1], pro *quingentis libris bonorum in auro;* prout hæc et alia dictum contractum tangentia in instrumento publico per me notarium infra scriptum facto, sigillis dictorum Domini Episcopi et Capituli sigillato, plenius continentur. Idem *Girardus* personaliter constitutus, non vi, non dolo, nec metu ductus, non coactus, non circumventus, non illectus, sed ex certa scientia et spontanea voluntate, ut asserit, confessus est et recognovit se habuisse super præmissis una cum præfato Domino Episcopo et Capitulo Sedunensi post dictam venditionem in continenti pactiones et conventiones infrà scriptas; videlicet quod dictus Dominus Bonifacius, Episcopus Sedunensis et ejus successores possint et debeant cum potuerint et voluerint post decessum ipsius Domini Girardi, *infra undecim* annos tamen, dictas res et possessiones quæ superius et in ipso venditionis instrumento continentur, suis propriis denariis et non alienis, reemere pro pretio supradicto ab hæredibus seu assignatis ipsius Domini Girardi, vel a possessoribus quibuscunq. nonobstante qualibet venditione pure et sine conditione contracta a qua sic decessit per pactiones

[1] L'évêque de Sion réserve expressément l'hommage, le droit de gîte (*receptus*, *procuratio*) et autres usages à lui dus par le Chapitre de Lausanne pour l'église de St. Martin de Vevey.

præsentes. Volens et ordinans dictus Dominus Girardus ex nunc quasi ex tunc quod quicunq. hæredes aut assignati sui sive possessores ipsarum rerum et possessionum eas non possint nec debeant alienare, nec ad manus trahere fortiores, quominus idem Dominus Episcopus aut ejus successores, vel Capitulum Sedunense nomine Mensæ Episcopalis ; tamen possint quandocunq. voluerint reemere pro pretio supra dicto, ad opus tamen Ecclesiæ Sedunensis et non alterius cujusqunq. Imo idem Dominus Episcopus aut ejus successores vel Capitulum Sedunense, nomine Mensæ Episcopalis, tamen possint quandocunq. voluerint post decessum ipsius Domini Girardi infra dictum tempus, pro dicto pretio sicut dictum est, res prædictas et possessiones reemere, et hæredes ipsius Domini Girardi seu assignati sui aut quicunq. possessores, teneantur eidem Domino Episcopo vel ejus successoribus, sine difficultate qualibet, dictas res et possessiones vacuas retrotradere una cum omnibus juribus et rationibus pertinentibus quas et quæ idem Dominus Girardus hæredes seu assignati sui vel quicunq. possessores recuperabunt in futurum, cum omni incremento et melioramento quæ in ipsis rebus et possessionibus fecerint in futurum, cum instrumento dictæ venditionis cancellato. Nonobstante aliqua prescriptione, pretextu, cujus hanc redemptionem sive redibitionem noluit idem Dominus Girardus retardari, nonobstante etiam quocunq. instrumento seu litteris, uno seu pluribus, quæ super dicta venditione pure contracta dictarum rerum et possessionum reperirentur confecta, quæ super his opem cuiquam ferre noluit idem Girardus, sed sint ex nunc prout ex tunc quoad purum et perpetuum contractum usq. ad terminum supradictum vacua et omni virtute cassata ; nonobstantibus insuper aliquibus exceptionibus, renunciationibus et promissionibus generalibus vel specialibus, quæ in ipsis instrumentis reperirentur insertæ, sed hæc solæ et ultimæ pactiones, robur obtineant firmitatis perpetui valituræ. Ita tamen quod si Dominus Episcopus prædictus vel ejus successores vellent dictas res et possessiones vendere, illas quidem debent et tenentur, quia sic actum est inter partes, hæredibus seu assignatis dicti Domini Girardi vendere pro pretio prætaxato, quas res et possessiones poterit dictus Dominus Episcopus cum eas redemerit aut ejus successores sibi, ad opus suum et dictæ Sedunensis Ecclesiæ, tantum modo retinere nec ad aliquem alium titulo venditionis devolvere præterquam ad ipsos hæredes aut assignatos ipsius Domini Girardi, si vellent illas emere et habere pro dictis quingentis libris in auro supra dictis. Renunciavit siquidem dictus Dominus Girardus in hoc facto, ex certa scientia, omni exceptioni doli, mali, metus in futurum, actioni et conditioni, circumventioni et deceptioni, beneficio restitutionis in integrum et omnibus promissionibus, consuetudini et statuto Patriæ et loci et omni juris auxilio tam canonici quam civilis, omnibus gratiis, privilegiis et indulgentiis et confirmationibus impetratis et impetrandis in favorem Ecclesiæ vel personæ, omnibus juribus, rationibus et exceptionibus juris et facti, per quæ idem Dominus Girardus aut hæredes seu assignati sui aut quicunq. possessores dictarum rerum et possessionum possent venire contra prædicta vel aliquod de prædictis et juri dicenti generalem renunciationem non valere. Promittens bona fide dictus Dominus Girardus per juramentum suum super sancta Dei Evangelia corporaliter præstitum, contra præmissa vel aliquid præmissorum per se vel per alium in posterum non venire, nec contravenire, volenti aliquatenus consentire, sed ea inviolabiliter observare et facere observari, inutilia prætermittere et utilia procurare. Et Ego Johannes Cameli de Insulis, Clericus, Auctoritate Imperiali publicus Notarius, prædictis omnibus præsens interfui rogatus, et præsens instrumentum scripsi signoq. meo consueto signavi in testimonium præmissorum. In cujus visionis testimonium Nos dictus Decanus Viviaci sigillum nostrum præsentibus duximus apponendum. Datum Viviaci Die Jovis post Lætare . . . . . . anno Domini millesimo trecentesimo undecimo [1].

(L. S.)

18

Remissive du droit de rachat sur la vidamie de Montreux, faite par Aymon, évêque de Sion et son Chapitre, à Girard d'Oron, coseigneur de Vevey. Le 21 mars 1312.

Nos Hugo de Chanvent, Decanus Viviaci, et Jacobus Curatus ejusdem loci, Notum facimus universis quod Nos vidimus et de verbo ad verbum legimus quandam litteram, non cancellatam, non rasam, non abolitam, nec in aliqua sui parte corruptam, sed sanam et integram, tam in carta quam in sigillo et omni suspicione carentem, prout prima facie apparebat, cujus tenor talis est : In nomine Domini, Amen. Anno ejusdem *millesimo tercentesimo duodecimo,* sumpto *in Circumcisione Domini, Indictione decima, duodecimo Kalendis Aprilis,* infra chorum Ecclesiæ de Valeria, in præsentia Reverendi in Christo Patris Domini *Aymonis,* Dei

[1] Vidimus de l'an 1311 (vieux style), aux archives du château du Châtelard.

gratia *Sedunensis Episcopi* [1], convocato Capitulo Sedunensi, prout moris est, et in mei Notarii et testium subscriptorum præsentia, idem Dominus Episcopus tractatibus diligenter perhibitis in dicto Capitulo et pro evidenti utilitate et necessitate Ecclesiæ Sedunensis, ut dicebat, attendens quod bonæ memoriæ Dominus *Bonifacius*, Episcopus Sedunensis, vendiderat, et titulo puræ et perfectæ venditionis de consensu sui Capituli concesserat, Viro venerabili Domino *Girardo de Oron*, quondam Decano Valeriæ et hæredibus suis seu assignatis, aut cui dare vel legare seu assignare vellet, res et possessiones infra scriptas, cum juribus, decimis et pertinentiis suis universis, videlicet *Vicedominatum de Mustruez*, Lausannensis Diocesis, et quicquid juris, rationis, proprietatis seu preyturæ, possessionis vel quasi et dominii habebat vel habere debebat ex quacunq. causa, vel quocunq. modo nomine Ecclesiæ Sedunensis, a *Clusa de Chillione* usque ad *aquam quæ Vivesia vocatur*, et specialiter in Parrochiis de *Mustruez*, de *Blonay* et de *Viviaco*, scilicet in terris cultis et incultis, pratis, vineis, nemoribus, ochiis, arboribus, domibus, hominibus, talliis, servitiis, trossis, menadys, caponibus, aveneriis, decimis, censibus, terragiis, furnis, molendinis, jurisdictionibus, auxiliis, euchetis, receptis sive procurationibus, bannis, clamis, franeriis, cursibus aquarum, piscaturis, venationibus, montibus, arpagiis et rebus aliis universis, ubicunq. essent et quocunq. nomine seu vocabulo censerentur; Et specialiter si quid apud *Villam novam* debebatur ratione terragiorum, possessionum, dominii et jurisdictionis de Mustruez; Et specialiter etiam homagium

[1] Aymon III de Châtillon, successeur de l'évêque de Sion, Boniface de Challans, décédé en 1308.

et fidelitatem quod et quam debebant Ecclesiæ Sedunensi Domini de Blonay, ratione feodi quod tenebant ab Ecclesia Sedunensi, a Clusa Chillionis usq. ad aquam quæ Vivesia dicitur, et si ultra dictam aquam quidquam de dicto feudo reperiretur cum pertinentiis, appendiciis et juribus dicti feodi universis ad dictam Ecclesiam pertinentibus a dicta aqua inferius in Diocesi Lausannensi. Excepto *Jure Patronatus Ecclesiæ de Mustruez*, videlicet *Jus præsentandi Rectorem in ipsa Ecclesia quotiescunq. eam vacare contingeret*. Item quod vendiderat idem prædecessor domini Episcopi Aymonis dicto Domino Girardo, modo quo supra pensiones quas habebat in Ecclesia de Mustruez et de Viviaco. Retento sibi et excepto a dicta venditione, homagio recepto, seu procuratione et aliis usagiis universis quæ sibi et Ecclesiæ Sedunensi debebat Capitulum Lausannense et feodo quod tenebat ab eo prædictum Capitulum ubicunq. essent etiam infra terminos supradictos. Quam venditionem fecerat dictus prædecessor suus pro pretio *quingentarum librarum Maurisiensium*, quas a prædicto Domino Girardo, decano, habuerat et receperat in bona pecunia numerata, et in utilitatem dictæ Ecclesiæ Sedunensis totaliter versa, prout in litteris indè confectis, sigillis dicti Domini *Episcopi Bonifacii* et Capituli Sedunensis sigillatis, plenius continetur, Item attendens quod licet dictus Dominus decanus dedisset potestatem dicto Domino Episcopo Bonifacio et ejus successoribus, reemendi omnia et singula supra dicta pro pretio memorato *quingentarum librarum Maurisiensium* infra undecim annos a decessu ipsius Domini decani numerandos, ad opus Ecclesiæ Sedunensis; tamen sub pactionibus et aliis conventionibus et articulis in ipso instrumento temporis reemptionis contentis, secundum quas conventiones et pacta actum fuerat et conventum quod dictus Dominus Episcopus Bonifacius aut ejus successores post reemptionem etiam rerum prædictarum, non possent ipsas res alienare, nec aliquo titulo in alium transferre, dummodo idem Dominus decanus vel ejus successores ipsas res vellent pro dicto pretio quingentarum librarum emere, Idem Dominus Episcopus Aymo, ad preces et requisitionem, ut asserebat, Nobilis Viri *Girardi de Oron, Condomini Viviaci*, successoris dicti *Domini decani* in prædictis rebus venditis sibi oblatas per Venerabilem Virum *Dominum Girardum, nunc Decanum Valeriæ* [1], de consensu et voluntate expressa Capituli Sedunensis, pro evidenti utilitate et necessitate dictæ Ecclesiæ Sedunensis, ut superius est expressum, remisit dicto Girardo de Oron, Domicello, nomine suo et Ecclesiæ Sedunensis, potestatem et auctoritatem quam habebat idem Dominus Episcopus reemendi res et bona supradicta. Ita tamen quod idem Girardus pro se et hæredibus seu assignatis suis teneatur omnia et singula superius expressa in dicta venditione contenta et etiam empta recipere in feodum perpetuum homagii ligii, salva fidelitate Domini Comitis Sabaudiæ, a dicto Domino Episcopo et Ecclesia Sedunensi, et pro ipso

[1] Cet acte fait mention de trois personnages de la noble famille d'Oron, nommés *Girard*, savoir :

Girard d'Oron, qualifié *(cantor)* chantre de l'église de Lausanne et haut doyen *(decanus)* de Sion, mort le 1 novembre de l'an 1309. Il était le sixième fils de Rodolphe, seigneur d'Oron et frère de Pierre, évêque de Sion, élu en 1273 et décédé en 1287, le 13 février.

Girard d'Oron, dit de Bossonens, qualifié *(decanus)* doyen du doyenné de Vevey, puis successeur du précédent, comme haut doyen de Valère à Sion, qui mourut en 1352. Celui-ci était fils d'Amédée d'Oron, seigneur d'Attalens et de Bossonens en 1276.

Girard d'Oron, damoiseau, fils et successeur de Pierre, coseigneur de Vevey, et héritier de son grand-oncle le chantre, cessionnaire de l'évêque Boniface pour le vidomnat de Montreux en 1295.

feodo bene et fideliter deservire ut fidelis Vassalus Nobilis per se et homines dicti feodi teneatur, quotienscunq. requisitus fuerit et opus erit ab ipso Domino Episcopo Aymone et ejus successoribus in futurum. Retinuit autem sibi præfatus Dominus Episcopus et dictæ Ecclesiæ Sedunensi ex pacto expresso, una cum aliis exceptis et retentis supra, feodum et Jus feodi una cum usagiis, servitiis, sive censibus quæ debentur pro vinea *Dou Tray de Baye* [1], et pertinentiis ejusdem, quam nunc tenet *Rodulphus* frater dicti Domini decani, quam olim solet tenere Girodus Antonii de Villanova. Idem autem *Girardus de Oron, Domicellus*, pro introgio dicti feodi et rerum prædictarum et remissione dictæ reemptionis prædicto Domino Episcopo *Aymoni*, pro exoneratione debitorum suorum et Ecclesiæ Sedunensis persolvat *ducentas* et *quadragenta libras Maurisienses* semel et nomine placiti *unam marcham argenti* in mutatione Domini et Vassali. Quam concessionem dicti feodi idem Dominus Episcopus, de consensu dicti Capituli Sedunensis, ut supra, fecit in præsentia mei notarii publici stipulantis et recipientis, vice et nomine dicti Girardi de Oron tanquam in manu publicæ personæ. Renuncians autem dictus Dominus Episcopus in hoc facto ex certa scientia, omni exceptioni doli, mali, metus, actioni in factum, beneficio restitutionis in integrum, omni deceptioni et circumventioni, consuetudine, et statuto Patriæ et loci et omni juris auxilio, tam canonici quam civilis et jurisdicenti generalem renunciationem non valere, nisi præcesserit specialis et omnibus gratiis, privilegiis et indulgentiis impetratis et impetrandis à Sede Apostolica ad opus suum et Ecclesiæ memoratæ, et omnibus

[1] Le trait de Bay, ruisseau du cercle de Villeneuve, qui passe à Noville et se jette dans le lac Léman.

exceptionibus, rationibus et allegationibus juris et facti quæ sibi et dictæ Ecclesiæ possent prodesse, ad veniendum contra prædicta, vel aliquid de prædictis, et per quæ prædicta in toto vel in parte possent infringi, cassari vel etiam annullari. Promittens bona fide idem Dominus Episcopus, pro se et ejus successoribus et Ecclesia Sedunensi, contra prædicta vel aliquid de prædictis in judicio vel extra, verbo, vel facto, per se, vel per alium in posterum non venire nec alicui contra venire volenti in aliquo consentire verbo, vel facto, vel alio quoquo modo. Et dictum Capitulum illud idem promisit modo et forma prædictis nomine suo et Ecclesiæ supradictæ et prædictis omnibus concorditer consensit et ea laudavit et approbavit et ratificavit. Præsentibus Viris Venerabilibus Domino *Girardo prædicto, Decano Valeriæ*, Domino Johanne, Decano Sedunensis; Domino Bonifacio, Archidiacono Augustensi; Dominis Francisco Derdes; Johanne Erpo; Ebalo Hubodi; Johanne Boneti; Petro Falconis; Jacobo de Augusta; Antonio Hubodi; Guidone de Montagnie; P. de Vespia; Roleto de Verret; Petro Curbaudi; P. de Marcel; Othonino Lombardo, Canonicis Sedunensibus. Præsentibus etiam testibus ad hoc vocatis et rogatis; scilicet, Domino Johanne, Curato de Mustruez; Domino Anselmo, Curato de Letron; Henrico de Sancto Paulo, Clerico; Thoma de Burgo de Melduno, Clerico; Francisco de Sason et Wullielmo de Anivesio, Domicellis, me Amedeo de Reyna, Clerico Sedunensis Diocesis, auctoritate Imperiali publico Notario, qui prædictis interfui et ea propria manu scripti rogatus signoq. meo solito signavi in testimonium veritatis. Et est sciendum quod prædictis, modo quo supra, pactis, post modum, dictus Dominus Episcopus apud Sedunum, die *Sabbathi post Octavam Paschalis anno quo supra*, in Curia Episcopali, inhibuit mihi Notario ne hujusmodi Instrumentum facerem nec etiam ingrossarem, in præsentia dicti Girardi de Oron; Domini Johannis Boneti et quam plurium aliorum Canonicorum Sedunensium. Et post modum ibidem in Domo Episcopali apud Sedunum, *tertio Kalendis Augusti*, anno quo supra, præfatus Dominus Episcopus jussit expresse mihi Notario quod dictum Instrumentum in formam publicam super prædictis redigerem et ingrossarem, præsentibus viris discretis et jurisperitis Dominis Guidone, Præposito Sancti Agidii, Augustensis Diocesis; Vuillielmo de Sancto Mauritio, Curato de Sancto Germano, Sedunensis Diocesis et Girardo Tornerii de Viviaco, nec non etiam Domino Girardo, Decano Valeriæ prædicto. De quorum consilio in bona fide eorum ab eis super hoc impenso hoc instrumentum feci ut supra et signavi. Nos autem Episcopus *Aymo* prædictus, sigillum nostrum huic instrumento apposuimus in testimonium omnium præmissorum et ad majorem roboris firmitatem. Datum et actum ut supra. In cujus visionis testimonium Nos præfati Hugo de Chanvent, Decanus Viviaci et Jacobus, Curatus ejusdem loci, sigilla Nostra præsentibus duximus apponenda. Datum die Mercurii ante festum Beati Andreæ Apostoli, Anno Domini millesimo trecentesimo duodecimo[1].

(L. S.)

[1] Vidimus de 1312, aux archives du Châtelard.

19

Inféodation de la vidamie de Montreux, contenant rémission du droit de rachat et paiement de sa plus value, par Aymon, évêque de Sion et son Chapitre, à Girard d'Oron, conseigneur de Vevey.

1er août 1312.

In nomine Domini, Amen. Per præsens publicum instrumentum cunctis pateat evidenter quod anno *Domini millesimo trecentesimo duodecimo, Indictione decima, pridie mensis augusti*, in civitate Sedunensi, in domo Episcopali, in præsentia mei notarii publici et testium subscriptorum, propter hoc specialiter constitutis, Reverendo in Christo Patre Domino *Aymone,* Dei Gratia Episcopo Sedunensi, ex una parte, et Venerabili Viro Domino *Girardo de Oron, Decano Valeriæ,* nomine et ex parte *Girardi de Oron, Domicelli, filii quondam Petri de Oron, Condomini Viviaci,* ex altera. Cum olim bonæ memoriæ Dominus *Bonifacius, Sedunensis Episcopus, Prædecessor dicti Domini Aymonis,* de laude et consensu expresso Capituli sui Ecclesiæ Sedunensis, vendiderit et titulo puræ et perfectæ venditionis tradiderit perpetuò pro se et successoribus suis, Venerabili Viro Domino Girardo, quondam Decano Valeriæ, hæredibus et assignatis suis, res et possessiones infra scriptas, cum juribus, pertinentiis, decimis et appendiciis suis universis, videlicet Vicedominatum de Mustruez, Lausannensis Diocesis etc. (*ut in n*° 18.)

Præfatus Dominus Episcopus *Aymo,* postmodum, de laude et consensu expresso dicti Capituli Sedunensis, ut asserebat, *remisit dicto Girardo de Oron, Domicello,* hæredi et successori dicti Domini *Girardi, quondam Decani Valeriæ,* in rebus prædictis, hæredibus et assignatis suis, *potestatem* et *auctoritatem* quam dictus Dominus Episcopus *Bonifacius, quondam* Episcopus Sedunensis et successores sui et etiam dictum Capitulum Sedunensem *habebant de reemendo* res et bona supradicta et hoc *pro ducentis et quadraginta libris bonorum Maurisiensium* per ipsum Dominum *Aymonem*, nunc Episcopum Sedunensem, *habitis* et *receptis* a dicto *Girardo, domicello*, ob causam remissionis prædictæ in bona pecunia numerata et in utilitatem dictæ Ecclesiæ Sedunensis totaliter conversis. Et postea dictus *Girardus de Oron, Domicellus*, pro supplendo justo pretio dictarum rerum olim venditarum per dictum Dominum Episcopum *Bonifacium*, et pro supplendo etiam justo pretio *remissionis* prædictæ, dedit et solvit dicto Domino *Aymoni*, Episcopo Sedunensi, *quadringenta* et *sexaginta libras Maurisienses*, in bona pecunia numerata, prout dictus Dominus *Aymo*, Episcopus, hæc omnia asserebat. Quibus pactis, dictus Dominus Episcopus *Aymo*, consideratis bono regimine et fideli dicti *Domini Girardi, quondam Decani Valeriæ* et cura ipsius diligenti in meliorationibus et incrementis rerum et possessionum prædictarum adhibitis per ipsum et per prædictum *Girardum de Oron, Domicellum*, ut dicebat, non vi, non dolo, non metu ductus nec in aliquo circonventus, sed ex certa scientia sua et spontanea voluntate, voluit et concessit pro se et successoribus suis et dicta Ecclesia Sedunensi per præsentes, dicto *Girardo de Oron, Domicello*, hæredibus et assignatis suis, quod idem Dominus Episcopus *Aymo* vel successores sui, dictas res et possessiones cum eas reemerint, aut dictum Capitulum, vel etiam ante reemptionem a dicto Girardo de Oron, Domicello, hæredibus vel assignatis suis vendere, obligare, permutere etiam pro magis utilibus *infeudare*, in *emphiteosim dare*, aut quocunq. alio modo sive quocunq. alio colore quæsito, alienare vel transferre in aliquem alium, vel in manu alterius quoquomodo ponere, excepta locatione fructuum ad modicum tempus sine malitia facienda, non possint nec debeant etiam qualicunq. utilitate vel necessitate dictæ Sedunensis Ecclesiæ eminente, dictus Dominus Episcopus *Aymo*, aut successores ejus, seu ipsum Capitulum Ecclesiæ Sedunensis, insimul vel divisim in toto vel in parte, alicui alii seu aliquibus aliis præterquam ad ipsum *Girardum de Oron*, *Domicellum* et ipsi Girardo hæredibus aut assignatis suis, si vellent ipsas res habere aut retinere pro *mille* et *ducentis libris Maurisiensibus*. Et hæc omnia et singula supra scripta dictus Dominus *Aymo*, Episcopus Sedunensis, pro se et successoribus suis in dicta Ecclesia Sedunensi, promisit juramento suo ad sancta Dei Evangelia sibi præsentia prestito, attendere et servare et non contrafacere vel venire, per se vel alium in futurum, nec consentire alicui contravenire volenti, nonobstante si aliquis alius de prædictis possessionibus et rebus plus offerret aut in licitatione offerendi, seu dandi majus pretium, dictum *Girardum de Oron*, *Domicellum*, hæredes aut assignatos suos vinceret aut vincere vellet, cum certificatus sit dictus Dominus Episcopus *Aymo*, diligenti inquisitione facta, ut dicebat, prædictum pretium ad veram et legitimam extimationem valoris dictarum rerum et possessionum, jurium et pertinentiarum suarum ascendere et ultra. *Promisit* inquam dictus Dominus Aymo, Episcopus Sedunensis, pro se et successoribus suis in Ecclesia Sedunensi, eadem omnia et singula prædicta attendere et servare eidem Girardo de Oron, Domicello, hæredibus et assignatis suis juramento suo quo supra et sub pœna *tricentarum marcharum* argenti, dandarum et solvendarum eidem Girardo de Oron, Domicello, hæredibus aut assignatis suis ab ipso Domino Episcopo Aymone vel successoribus suis, si in ipsam pœnam, quod absit, invaderent . . . .

His quidem testes interfuerunt præsentes, vocati et rogati, qui sic vocantur : Religiosus Vir *Dominus Guido, Præpositus Sancti Ægidii de Verrecio, Augustensis Diocesis; Dominus Johannes de Tavelz, Curatus Ecclesiæ de Mustruez; Girardus Tornerii de Viviaco, Clericus jurisperitus; Willielmus de Anivegio, Domicellus, Salterus Sedunensis.* Et Ego *Johanerodus*, dictus *de Auboreynges, de Viviaco, Clericus, Lausannensis Diocesis,* auctoritate Sacri Imperialis Palatii Notarius publicus, qui præmissis omnibus et singulis sic pactis et concessis *die et loco prædictis,* una cum testibus memoratis præsens interfui et ea in publicam formam redegi et scripsi, a supradictis partibus requisitus et rogatus signoq. meo consueto signavi in testimonium veritatis.

(Signé) JOHANERODUS.
(Avec paraphe.)

Ad majorem autem omnium præmissorum robori firmitatem, ac in testimonium eorundem, Nos sæpe dictus *Aymo* Episcopus Sedunensis, sigillum nostrum pro Nobis una cum signo dicti notarii publici, cui etiam præcepimus prædicta redigi et scribi sub publica forma, huic præsenti publico apposuimus instrumento. Datum et actum *Anno, Indictione, loco et die quibus supra.* Quas res et possessiones de *Mustruez,* cum juribus et pertinentiis suis universis, apprehendendi, occupandi et tenendi sua propria auctoritate sine juris offensa et superioris licentia dictus Dominus Episcopus *Aymo,* pro se et successoribus suis dicto *Girardo de Oron, Domicello,* hæredibus et assignatis suis concessit liberam potestatem per præsentes, donec de prædictis *trecentis marchis argenti* foret ei integre satisfactum et prædictæ conventiones nihilominus suam firmitatem haberent, et hoc quidem in eo casu in quo dictus Dominus Episcopus, aut successores ejus incurrerent pœnam prædictam dictarum trecentarum marcharum argenti. De qua quidem clausula proximo scripta ac posita et signata in protocolo mei Notarii prædicti constat mihi ipsi Notario, quod collocari debuit atq. poni supra in præsenti instrumento, in quadragesima quinta linea, inter illa verba quæ finiunt : *Roboris firmitatem*, et illa verba quæ incipiunt : *Quæ autem dicta sunt*. Datum et actum ut supra [1].

(L. S.)

20

Traité de partage entre Amédée, comte de Savoie, et Girard d'Oron, conseigneur de Vevey, concernant la vidamie de Montreux, ses droits et ses appartenances.

L'an 1317, le jeudi 18 août.

Nos *Amedeus, Comes Sabaudiæ*, Notum facimus universis, Quod cum discordia verteretur inter Nos, ex una parte, et *Girardum*, filium quondam *Petri de Oron, Condomine Viviaci*, ex altera, super eo quod dictus *Girardus* petebat a Nobis sibi reddi et restitui *Vicedonatum de Mustruez*, cum aliis rebus, pertinentiis et appendiciis ejusdem per Nos occupatis, ut idem *Girardus* asserebat, et etiam omnes res et possessiones, vel quasi, quæ ab *Ecclesia Sedunensi* teneri dignoscuntur, ab aqua quæ vocatur *Vivesy* prope Viviacum

[1] Vidimus du 26 septembre 1746, aux archives de Châtelard. (Extrait.)

usq. ad *clusam Chillionis*, quas omnia cum rebus aliis et pertinentiis suis acquisierunt : tam *Girardus*, quondam *Cantor* Ecclesiæ Lausannensis, a Domino *Bonifacio*, quondam *Episcopus Sedunensi*, pro quingentis libris Maurisiensibus, et postea subsequenter dictus *Girardus de Oron*, ultra dictas quingentas libras a Domino *Aymono*, nunc *Episcopo Sedunensi*, pro septingentis libris Maurisiensibus et pro novies viginti tribus libris decem septem solidis et tribus denariis Lausannensibus pro acquirimentis factis per dictum *Girardum*, *Cantorem* Ecclesiæ Lausannensis, in augmentationem pretii prædictorum, et ipsas res cum *Vicedonnatu* prædicto et cum pertinentiis suis vel quasi, dictus Cantor et dictus *Girardus* longo tempore pacifice possederant. Nobis a contra asserentibus et dicentibus dictum *Vicedonnatum* cum Juribus suis et rebus supra dictis ad Nos pertinere debere ex acquisitione facta per Nos a prædicto Domino *Aymone*, *Episcopo Sedunensi*. Tandem Nos pro nobis, hæredibus ac aliis nostris successoribus, ex nostra certa scientia super dicta discordia composuimus cum dicto *Girardo* concorditer transigendo in hunc modum. Videlicet quod Nos de prædicto *Vicedonnatu*, rebus aliis, pertinentiis et appendiciis ipsius Vicedonnatus habeamus et habere debeamus perpetuò pro Nobis, hæredibus et successoribus nostris, universa et singula existentia de *Vicedonnatu* prædicto a medietate cursus *aquæ Bayæ de Mustruez* versus *Chillionem* in terris cultis, non cultis, pratis, vineis, hominibus, aquis, aquarum cursibus, nemoribus, joriis, pascuis, decimis, censibus, terragiis, corvatis, avenariis, caponariis, furnis, molendinis, folis, batitoriis, juribus, actionibus, rebus aliis quibuscumq. Exceptis terris, rebus, possessionibus et hominibus quæ tenentur infra dictam limitationem de feodis hominum dicti *Girardi* existentium et habitantium a dicta aqua *Baya de Mustruez* versus *Viviacum* quæ dictis hominibus dicti *Girardi* sint cum juribus et pertinentiis eorundem, census autem seu redditus, si qui debebantur a dictis hominibus Ecclesiæ Sedunensi pro dictis rebus et possessionibus sitis infra dictam limitationem, Nobis debent remanere. *Dominium* vero merum, mixtum imperium et omnimoda jurisdictio Nobis in universis et singulis prædictis existentibus infra dictam limitationem remaneant pleno jure. *Dictus* vero *Girardus* habeat et habere debeat perpetuo, pure et libere, pleno jure, pro se, hæredibus et aliis successoribus suis, universa et singula existentia de dicto *Vicedonnatu*, a medietate cursus dictæ *aquæ Bayæ de Mustruez* versus *Viviacum* ubicunq. in terris cultis et non cultis, pratis, vineis, hominibus, aquis, aquarum cursibus, nemoribus, joriis, pascuis, decimis, censibus, terragiis, corvatis, avenariis, caponariis, furnis, molendinis, folis, batitoriis, juribus, actionibus et rebus aliis quibuscumq. *Vicedonnatus* prædicti, ac dominium merum et mixtum imperium et omnimodam juridictionem quod et quam habebat antea jure suo hæreditario, vel ratione Vicedonnatus prædicti, in omnibus et singulis prædictis existentibus infra limitationem prædictam. Pro parte vero prædicta Nobis contingente debemus solvere dicto *Girardo*, *novies centum libras Maurisienses* et *triginta libras octo solidos Lausannenses* in bona pecunia numerata. *Inclusis centum triginta libris* quæ deducuntur pro feodo *Dominorum de Blonay*, dimisso dicto *Girardo* et *decem novem libris decem solidis* pro *quindecim solidis* annui redditus qui debebant refundi Domino. *Res autem* quæ repertæ sunt esse de feodo, seu moveri ab *Ecclesia Sedunensi* citra dictam *aquam Bayæ de Mustruez* versus *Viviacum*, quæ per ordinationem prædictam debent remanere dicto *Girardo* et hæredibus ac successoribus suis, hic inferius subsequuntur, *Primo:* Videlicet feodum *Roleti*, filii quondam *Uldrici de Cherney, Domicelli ; Item* feodum quondam *Jacobi de Syonsié ; Item* feodum *Johannis de Choulin ; Item* feodum quondam *Domini Falconis ; Item* feodum *Johannis de Turre* prope Viviacum, Domicelli; *Item* feodum dictorum *Fumaz* de Challye; *Item* feodum *dictorum de Palèyn; Item* feodum *Dominorum de Blonay*, prout sunt et erant de Dicto Vicedonnatu. *Cætera* vero feoda quæ tenentur ab *Ecclesia Sedunensi* si quæ inestimata reperirentur inter dictam aquam *Bayæ de Mustruez* versus *Viviacum*, sint et remaneant dicto *Girardo* sub extimatione idonee facienda ad modum per quem extimatio facta fuit sibi de feodis supra dictis, ita quod tres partes dictæ extimationis per dictum *Girardum* debeant Nobis dari et solvi, et vice versa idem fiat de feodis dicti Vicedonnatus, quæ tenentur a dicta Ecclesia, si quæ inextimata reperirentur infra limitationem nostram prædictam. *Item* actum et conventum est concorditer inter Nos et dictum *Girardum* et in pactum expresso deductum, Videlicet quod Nos aut Castellani nostri ex nunc in antea non debemus recipere in Burgenses burgensiam nec in gardam aliquos de hominibus taliabilibus dicti *Girardi* existentibus infra parochiam de *Mustruez* versus *Viviacum*, liberi vero homines dicti *Girardi* possunt recipi per gentes nostras in Burgenses burgensiam, sed non debent recipi in homines nec in gardam et si contra factum fuerit, volumus quod non valeat in posterum. *Item* actum est, quod omnes homines dominii nostri Vicedonnatus de *Mustruez* a dicta Baya de Mustruez versus Chilionem, commorantes et omnes homines et habitatores in dicta parrochia de Mustruez a dicta aqua Bayæ de Mustruez versus Viviacum, utantur communiter joriis et pascuis ex utraque parte dictæ Bayæ de Mustruez, sicut uti consueverunt; *Item* actum est quod aliquæ clamæ seu querelæ non possint fieri de aliquibus hominibus et rebus existentibus citra dictam aquam Bayæ de Mustruez versus Viviacum infra parochiam de Mustruez, nec cogi possint nec debeant respondere, nec vexari, nec in jus trahi pro prædictis ultra dictam aquam Bayæ infra parrochiam de Mustrez versus Chillionem, pro aliquo debito vel contractu nisi pro maleficiis, si ea committerent ultra dictam aquam Bayæ versus Chillionem et eodem modo clamæ non possint fieri de aliquibus hominibus nostris de dicto Vicedonnatu ultrà dictam aquam Bayæ versus Viviacum in dicta parochia de Mustruez nisi pro maleficiis si ea committerent ibi. *Item* actum est quod Nos dicto Girardo aut hæredibus suis non possumus nec debemus impedire, nec turbare cursum prædictæ aquæ Bayæ quominus molendina, folæ et batitoria ipsius *Girardi* facta et facienda operentur, molant et aptentur in deprimendo vel levando ipsam aquam, et vice versa dictus *Girardus* non potest, nec debet Nobis, hæredibus et successoribus nostris impedire vel turbare cursum dictæ aquæ Bayæ, quominùs molendina, folæ et batitoria nostra facta et facienda operentur, molant et aptentur in deprimendo vel levando dictam aquam. *Item* quod dictus Girardus et hæredes ac successores suis non teneantur Nobis ferre ullam guerentiam super rebus et possessionibus existentibus ultra dictam aquam Bayæ de Mustruez versus Chillionem : imo Nos, hæredes et successores nostros debemus et tenemur dicto *Girardo*, hæredibus et successoribus suis in perpetuum ferre guerentiam contra Episcopum et Ecclesiam Sedunensem, in Judicio et extra Judicium super omnibus rebus et possessionibus dicti Vicedonnatus existentibus ultra dictam aquam

Bayæ versus Viviacum, et ipsum *Girardum* in possessionem vel quasi inducere de feodis prædictis quæ etiam apprehendendi sua propria auctoritate damus sibi tenore præsentiun plenam et liberam protestatem. Et de feodo *de Blonay*, quod dicuntur tenere *Domini de Blonay*, Nos breviter et de plano, sine strepitu et figura Judicii, faciemus vel fieri faciemus per gentes nostras dicto Girardo hæredibusq. suis quod fuerit rationis. *Item* si contingeret dictum Vicedonnatum et alias res ad ipsum spectantes devenire ad Ecclesiam Sedunensem per reemptionem vel alio quoquo modo, et postea dictæ res ad Nos vel hæredes nostros pervenirent quoquo modo vel titulo, quod dictus *Girardus* et hæredes ejus habeant eodem modo res prædictas, quo per præsentem ordinationem idem *Girardus* habet ipsas. *Item* actum est quod Nos debemus procurare et facere cum effectu, et dictus etiam *Girardus* bona fide laborare debebit, quod Dominus *Episcopus Sedunensis* quittabit et absolvet dictum *Girardum* super homagio et fidelitate factis per ipsum exinde Domino *Episcopo Sedunensi*, et quod dictus Dominus Epicopus reddet dicto *Girardo* omnes litteras quas habet a dicto *Girardo* ratione seu occasione acquisitionis quam fecit dictus *Girardus* a dicto domino *Episcopo Sedunensi*; et quod idem Dominus Episcopus laudabit concordiam præsentem, alioquin promittimus bona fide et tenemur pro Nobis et nostris hæredibus reddere et restituere dicto *Girardo* et suis hæredibus dampna et interesse quæ substinuerunt prædicta occasione et ratione reemptionis quam dicta Ecclesia Sedunensis faceret seu facere vellet de rebus supra scriptis, quibus completis dictus *Girardus* debet tenere et recognoscere se tenere a Nobis in augmentum feodi, quod alias a Nobis tenet sub una fidelitate tam universa et singula quæ de dicto Vicedonnatu ad partem suam devenerunt prout superius sunt expressa *Item* volumus quod per *Ballivum* et Judicem nostros *Chablasii*, qui nunc sunt vel pro tempore fuerint aut alterum eorundem pro parte nostra, et per dictum *Girardum* vel alium quem ponere voluerit pro parte sua, citius quam fieri poterit, declarentur limites dominii nostri et jurisdictionis Vicedonnatus de Mustruez versus *Chillionem* a *Baya* supra versus *Ogo* et limites et confines dominii et jurisdictionis dicti *Girardi*, a dicta *Baya de Mustruez* versus *Ogo*. Et est sciendum quod prata dicta de *Ouz* (sic), quæ jam sunt extimata, dicto *Girardo* remanent eidem *Girardo* pleno jure cum omnimoda juridictione et dominio eorundem. *Item* actum est quod redditus, feoda et aliæ res quæ ad dictum Girardum pertinent jure hæreditario ultra dictam aquam *Bayæ de Mustruez* versus *Villam novam*, quæ non essent de dicto Vicedonnatu et pertinentiis suis sint et remaneant dicto *Girardo* et suis hæredibus pacifice et quiete. *Item* actum est quod illud receptum quod debet *Curatus de Mustruez* Nobis libere et pleno Jure remaneat. *Devestientes Nos* pro nobis et nostris hæredibus de dictis feodis, hominibus, juribus, redditibus et rebus aliis universis quæ ad partem dicti *Girardi* devenerunt prout superius sunt expressa, dictum *Girardum* pro se et suis hæredibus investiendo et in possessionem vacuam inducendo totaliter de eisdem ipsis rebus de nostro feodo remanentibus prout superius est expressum. *Cedentes* et concedentes dicto *Girardo* ex causa dictæ transactionis et concordiæ omnia jura et omnes actiones nobis competentes et competentia in prædictis bonis et juribus, quæ ad partem dicti *Girardi* devenerunt, tam utiles quam directas. *Promittentes* bona fide nostra loco juramenti pro nobis, hæredibus et successoribus nostris et stipulatione solemni, dicto *Girardo* recipienti pro se et hæredibus suis, omnia et singula supradicta firmiter attendere et servare et non contra facere vel venire per nos vel per alium in futurum, sed universa et singula prædicta quæ ad partem ipsius *Girardi* devenerunt, ut dictum est, eidem *Girardo* et suis hæredibus manutenere, deffendere et guerentire in judicio et extra, ut supra. Et renunciamus in hoc facto bona fide nostra qua supra, omni actioni et exceptioni doli mali, metus et in factum rei aliter scriptæ quam gestæ et omni alii Juri scripto et non scripto, per quod possemus venire contra prædicta vel aliquod de prædictis. *Ego* vero dictus *Girardus, Condominus Viviaci,* ex certa mea scientia et spontanea voluntate, confitens et recognoscens prædicta omnia et singula vera esse et acta et conventa, ut supra est expressum, ea omnia pro me et hæredibus meis laudo, approbo et ratifico et promitto juramento meo ad Sancta Dei Evangelia corporaliter præstito et stipulatione solemni ea omnia attendere et servare et non contra facere vel venire per me vel per alium in futurum. Renuncians in hoc facto per vim præstiti juramenti, omni actioni et exceptioni doli, mali, metus et in factum, minoris pretii subsidio, rei aliter scriptæ quam gestæ et omni alii Juri scripto et non scripto per quod contra prædictis. Promittens etiam juramento meo quo supra et prædicta venire possem vel aliquod de hypotheca et obligatione omnium bonorum meorum, omnia et singula prædicta firmiter observare. In quorum omnium robur et testimonium Nos præfatus *Amedeus, Comes Sabaudiæ,* pro Nobis sigillum nostrum, et ego dictus *Girardus de Oron* pro me sigillum meum huic præsenti litteræ duximus apponenda. *Datum Agauni, Die Jovis post Assumptionem Beatæ*

Mariæ Virginis, Anno Domini millesimo tercentesimo decimo septimo [1].

(L. S.) (L. S.)

Expeditum per Dominum, P. de Claremonte.

21

Traité entre Amédée VI, comte de Savoie, et Rodolphe de Langin, tuteur de Nicod et Aymon de La Sarraz, coseigneurs de Montreux.

2 juin 1379.

(Archives de Châtelard, lettre D, pag. 95.)

In nomine sanctæ et individuæ Trinitatis, gloriosæ Virginis Mariæ et totius Curiæ Superiorum, Amen. Anno Domini millesimo tercentesimo septuagesimo nono, Indictione secunda, die Jovis secunda mensis Junii, in Castro Morgiæ, Lausannensis Diocesis, in camera in qua illustris et magnificus princeps et dominus Dominus Amedeus, Comes Sabaudiæ, dux Chablasii et Augustæ, in Italia Marchio et Princeps, pernoctare consuevit, præsentibus viris nobilibus et providentibus Dominis Ludovico de Cossonay, domino de Berchiez; Humberto de Collombier, domino de Vullierens, baillivo Vaudi; Petro, domino Montisricherii; Stephano Guerrici; Petro de Siviriaco, militibus; Ludovico, domino de Cossonay, domicello; Petro de Ponte; Petro Fuserii, Legum perito; Nicodo, condomino sancti Martini de Quercu; Johannodo Langleys; Jaqueto de Lausanna de Viviaco; Girardo de Bulo; Vuillelmo Bernardi de Viviaco; Thomas-

[1] Vidimus notarié du 27 septembre 1746, aux archives du Châtelard.

setto Martino Chilliodi et Guillelmo de Romano monasterio, testibus ad infra scripta, vocatis specialiter et rogatis. Injuriatur memoriæ frequenter oblivio et ex longinquitate sæpe fit temporis, quod res clara præsentibus datur obscura futuris et si recisa, repullulant, suscitantur sepulta, sopita resurgunt, unde adversus oblivionis dispendium descripturæ suffragium prudentum cautela providit, in illis negotiis gestis maxime quæ judiciorum et contractuum limite specialiter regulantur. Hujus igitur veri publici et auctentici instrumenti seria pateat, tam præsentibus quam futuris, quod cum inter præfatum illustrem et magnificum principem et dominum Dominum Amedeum, Comitem Sabaudiæ, etc., seu gentes et procuratores ejusdem ex una parte, et Dominum Rodulphum, dominum de Langino, militem, tutorem et tutorio nomine Nicodi et Aymonis, filiorum viri Egregii Domini Francisci, geniti Domini Francisci, domini Serratæ quondam, ac etiam vice et nomine nobilis et potentis dominæ Dominæ Marguaritæ d'Oron, dudum conjugis domini Francisci, filii præfati Domini Francisci, domini Serratæ, matris dictorum Nicodi et Aymonis, pro suo jure et interesse in quantum ipsos conjunctim vel divisim tangit, vel tangere potest quomodocumque et qualitercumque, ex altera parte, foret quæstionis et controversiæ materia suscitata majorque suboriri a futuro tempore veri similiter videretur, super eo videlicet quod præfatus Dominus Sabaudiæ Comes et gentes ejus proponebant et dicebant prœnominatum Dominum Franciscum, dominum Serratæ, avum paternum dictorum Nicodi et Aymonis cepisse et reprendisse seu capere et recognoscere debuisse de feudo nobili dicti domini Comitis et suorum de redditibus, servitiis, rebus et bonis suis, de suo puro et franco allodio moventibus usque ad quantitatem, valorem et summam ducentarum decem octo librarum Lausannensium vel circa, annui et perpetui redditus et servitia, res et bona in quodam instrumento publico inde recepto, manu Nicoleti de Mouriaco, secretarii dicti domini Comitis, quondam sub anno Domini millesimo tercentesimo quinquagesimo secundo, indictione quinta, die secunda mensis decembris, latius et plenius specificata et descripta. Præterea tenebatur etiam dictus dominus Franciscus per pactum expressum in eodem instrumento comprehensum, ædificare et construere, seu construi et ædificari facere, unam domum fortem infra parrochiam de Mustruez, quam domum, una cum prædictis rebus et bonis tenere deberet de feudo nobili dicti domini Comitis et suorum sub homagio fidelitateque ligiis, salva fidelitate per eum debita illustri dominæ Catharinæ de Sabaudia, tunc dominæ Waudi, et omnia alia et singula sibi facere et præstare tenebatur et per consequens dicti Nicoletus et Aymo, tanquam hæredes et bona tenentes, ipsius facere et præstare tenentur mediantibus sexcentum libris Lausannensibus, a dicto domino Comite, præmissa ratione habitis realiter et receptis quæ et prout in dicto instrumento plenius sunt inserta. Ea tamen licet promissa et jura per eum non complevit nec debite observavit, nec etiam dominus Franciscus, ejus filius, nec alius pro eisdem, nec attendere seu complere potuerunt, cum potior quantitas rerum et bonorum præmissorum per eum conventorum allodialia non existant, sed de feudo alterius antea moverentur et moventur de præsenti, dictamque domum non fecerat nec construxerat quæ fortis domus mereatur debite nuncupari. Propter quod ipse dominus Comes et ipsius gentes et procuratores pro ipso, res prædictas ad ipsum justis rationibus et titulis, una cum tota jurisdictione quam habere possunt in loco Viviaci, tam ratione præmissorum, quam pro suo interesse quod ob deffectum manifestum dictorum de Serrata sustinere et incurrisse potuit, debita pertinere et competere dicebant dicto domino Rodulpho, tutore et tutorio nomine dictorum pupillorum ac etiam vice et nomine præfatæ dominæ Margaritæ oppositum asserente, proponente et dicente eos promptos et dispositos fore ad omnia et singula in dicto instrumento contenta, si completa non fuerint, firmiter et inviolabiliter adimplenda et integriter observanda. Tandem super hiis inter partes prædictas diutius litigato prænominatus dominus Rodulphus, considerans et attendens sumptus varios jam sustentos per eum in prædictis, quodque prædictus dominus Comes jam duo obtinuit passamenta super ejus intentione petita, videns etiam ipsum, quo supra nomine, contra prædictum dominum Comitem super hiis obtinere non posse, habito, sicut asserit, cum parentibus proximioribus et amicis, agnatis et cognatis dictorum matris et filiorum consilio, tractatu et deliberatione matura pro bono communi partium prædictarum et in ipsarum partium ab inde laboribus, discriminibus et expensis super prædictis omnibus et singulis ad veram transactionem, finem, compositionem et concordiam, favente Domino, perpetuo duraturam, ipse Dominus Amedeus, Comes Sabaudiæ, ex una parte, et dictus Dominus Rodulphus, tutor et tutorio nomine dictorum Nicoleti et Aymonis, ac vice et nomine præfatæ Dominæ Margaritæ et suorum hæredum et successorum quorumcumque prout et in quantum quemlibet ipsorum contingit et tangere potest, ex altera, in modum qui sequitur, devenerunt et pro tanto sint et esse debeant remissæ et quittæ super prædictis petitionibus, quæstionibus et querelis inter partes prædictas, actiones, petitiones et querelæ et aliæ quælibet quæstiones hinc inde :

In primis convenerunt, composuerunt et transegerunt, finemque pacem, transactiones et concordiam et compositiones fecerunt, conveniunt, componunt, transigunt et concordant partes prædictæ pro se et suis hæredibus et successoribus quibuscumque inter se ad invicem et vicissim, mutuis consensibus, stipulationibus solemnibus intervenientibus hinc inde : Quod dicti mater et filii et ipsorum quilibet et ipsorum perpetuo successores quitti sint, absoluti, manu missi liberi pariter et immunes ab inde perpetuo a recognitione, registratura et reprehensione rerum et bonorum prædictorum quæ recipere et reprendere tenebantur de feudo ligio dicti Domini Comitis et suorum, et etiam ab homagio et fidelitate ligiis; et constructione et ædificatione domus fortis quæ facere et construere debebant et generaliter quitti sint, absoluti, liberi et immunes ab omnibus universis et singulis missionibus, laboribus, sumptibus, interesse et expensis qualitercunque nominatis et incursis aut sustentis per dictum dominum Comitem aut alium seu alios ejus nomine, ac etiam aliis omnibus universis et singulis contentis et descriptis in instrumento per dictum Nicoletum recepto et superiùs declarato et ab hiis omnibus quæ vigore instrumenti prædicti et petitionum prædictarum facere et præstare dicto domino Comiti vel alterius nomine quomodolibet tenebantur, taliter et tali modo quod nunquam futuris temporibus occasione prædictorum vel aliquorum ex ipsis, dicti mater et filii, aut ipsorum successores conjunctim vel divisim possint vel debeant molestari, turbari, inquietari, sequestrari aut aliter realiter vel personaliter quomodolibet conveniri vel recherchiri.

Item est actum et in pactum expressum deductum pariter et conventum inter partes prædictas in concordia, transactione et compositione præsenti, quod ab inde in posterum perpetuo non possint vel debeant aliquæ pœnae vel banna imponi hominibus dictorum liberorum, aut habitantibus et qui in futurum habitabunt a medio Pontis de la Bay usque ad rivum currentem inter prioratum de Burye et maladeriam dicti loci, per aliquem officiarium vel commissarium ipsius domini Comitis, nisi clama præcesserit, id est quod aliquis clamam fecerit contrà ipsos vel aliquem ipsorum, et si forte aliqua pœna vel bannum in posterum in oppositum poneretur vel indiceretur illis irritum esse decernit idem dominus Comes, et inane et ex nunc pro tunc nullius esse vult efficaciæ et valoris.

Item acto solemniter et convento inter partes prædictas mutuo et vicissim, quod dictorum liberorum homines in prædictis limitibus et infra prædictas limites commorantes et qui in posterum habitabunt, non teneantur nec debeant realiter vel personaliter contribuere, seu contributionem realem vel personalem angariæ vel perangariæ facere in aliquibus fortificationibus, reparationibus, bastimentis, vel tributis quovis nomine nuncupatis aliquorum castrorum aut villarum dicti domini Comitis, nisi, quod absit, contingeret vel eveniret casus ovalii, videlicet incursus hostium societatum vel aliquorum aliorum impotenti manu patriam vastare vel occupare conantium et tunc dicti homines pro rata et portione debita habita justa consideratione ad potentiam singulorum contribuere debeant in uno quatuor locorum in quo suum refugerium eo tempore eligerint, videlicet in Viviaco, aut Turri, Chilliono, aut Villa nova, quod refugerium reducto in uno prædictorum locorum quatuor facere et eligere debeant, si et ubi talis in posterum necessitas emineret, et in loco pro refugio electo contribuere pro legitima rata debeant prout suprà, et hoc si et ubi et non aliter dicti liberi non habeant vel haberent fortalitium tutum et securum, eisdem hominibus incautum, securum et propinquum in quo dictos homines et bona ipsorum recipere possint, et ipsi homines se et bona ipsorum refugere et reducere occurente, quod advertat Dominus, ovaliorum perfidorum hominum tempore tenebroso. Quum si et ubi dicti liberi aut successores ipsorum haberent propinqua loca seu castra fortia et adeo tuta et secura, quod dicti homines se et bona ipsorum possent reducere in eis refugere teneantur et debeant impune et non alibi in castris et villis præfati Domini Comitis ubicumque, nec eo casu realiter vel personaliter quovis modo quocumque tempore a futuro contribuere teneantur.

Item fuit actum per pactum expressum inter partes prædictas solemni stipulatione vallatum, quod dictus dominus Comes aut sui perpetui successorès, non possint vel debeant aut eis liceat quocumque tempore dictis liberis super hominibus ipsorum seu cujusvis ipsorum indicere vel imponere, exigere vel levare aliquam impositionem, focagium, exactionem vel levam quovis casu vel tempore indicendam, nisi si et ubi et quando prout et sicut faceret aut imponi contingeret cæteris hominibus aliorum nobilium Ballivatus Chablasii et Gebenensis.

Item quod dictus dominus Comes nec aliquis successorum suorum possint vel debeant aut eis liceat quemquam ex gentibus, hominibus vel personis dictornm liberorum infra parrochiam Mustruaci nunc habitantibus, seu qui in posterum habitabunt in burgenses seu garderios suos sub quocumque colore quæsito recipere vel retinere ad cujusvis instantiam vel requestam ; et si per oblivionem vel ignorantiam aut alium colorem quæsitum aliquis reciperetur per dictum dominum Comitem seu ejus successores aut eorum officiarios aliquo tempore in garderios vel burgenses, quod talis receptio nulla sit, cassa et irrita, ex nunc perpetuo et nullius ipso jure efficaciæ et valoris.

Item quod dicti liberi et successores non teneantur in aliquam contributionem, levam, seu impositionem aut exactionem quamcunque fiendas in dicta villa Viviaci inter burgenses et habitatores ejusdem, nec in eis contribuere nec de ipsis solvere debeant aut teneantur licet levas aut impositiones alias fieri contingeret inter burgenses et habitatores ante dictos.

Item quod per castellanum dicti domini nostri Comitis in dicto loco Viviaci et Turris de Peil constitutum et constituendum in futurum et alios quos libet officiarios ipsius Domini Comitis, non fiant aut fieri debeant, seu possint contra dictos liberos, hæredes et successores et tenementarios seu emphiteotas suos vel in bonis alicujus ipsorum aliquæ barræ, saisina seu clama, scilicet et duntaxat pro facto proprio vel debitis et rationibus dictorum liberorum et suorum hæredum et successorum, sed tantummodo fiant fieri mandentur dictæ barræ, saisinæ et clamæ per dominum ballivum Chablasii vel castellanum Chillionis et coram ipsis vel altero ipsorum quum fieri deberent et casus earum contingeret, et hoc intelligendum est de saisinis, barris, clamis, fiendis de et super personis dictorum liberorum et suorum hæredum et successorum et in et de bonis ipsorum propriis et etiam emphiteoticis tam præsentibus quam futuris, seu per eos et hæredes suos in posterum acquirendis..... et non aliter dictos liberos et suos hæredes seu..... ipsorum dictæ saisinæ, barræ vel clamæ tangerent et.... rent et pro facto ipsorum proprio essent vel fierent.

Item quod si fortè fierent aliquæ barræ, saisina seu clama in bonis propriis dictorum liberorum vel in bonis quæ teneri reperirentur ab ipsis et hæredibus suis et successoribus per castellanum dictorum locorum Turris et Viviaci et alios officiarios domini ibidem, quod ipsi liberi et sui recurrant et recurrere debeant ad dictum ballivum Chablasii, vel castellanum Chillionis, qui eisdem liberis et suis hæredibus provideat incontinenti super prædictis saisinis, barris et clamis, prout fuerit rationis, et conveniens super casibus prædictis si tamen fierint dictæ saisinæ, barræ et clamæ aut fieri ordinarentur per dictum ballivum Chablasii, seu castellanum Chillionis.

Item quod dicti liberi et sui hæredes et successores pignorare possint et eis liceat per se vel per alium mandatum in dicta villa Viviaci, scilicet duntaxat pro tesiis et censibus sibi debitis pro domibus quæ ab ipsis tenentur in dicta villa Viviaci et tollere seu amovere portas vel hostia dictarum domorum illorum, videlicet qui solvere non velln taeut recusarent dictos census et tesias ipsis liberis et suis tempore et termino consuetis et solutionis faciendæ et fieri solitæ de ipsis, verumtamen damna quæ committerentur a debentibus dictas tesias et census, dicto domino nostro Comiti et suis hæredibus et successoribus pertineant et pertinere debeant pleno jure ; et nihilominùs dictis liberis ipsi debitores solvere teneantur dictas tesias et census sibi debitas per eosdem.

Item quod dicti hæredes et sui successores per se vel per alium eorum mandatum pignorare possint et eis liceat illos de parte d'Oron, scilicet dummodo illos qui non voluerint coquere panes suos in furnis ipsorum liberorum existentibus in villa Viviaci, et molere blada sua in ipsorum molendinis existentibus super Vivesiam et eisdem molere recusantibus auferre possint impune farinam ipsorum quam molissant in alio molendino et sibi retinere, sicut dicti liberi et sui prædecessores facere soliti sunt, et maxime eisdem liberis et suis hæredibus liceat pignorare bolengerias dicti Burgi d'Oron, per modum supra scriptum, pro coquendo et molendo in furnis et molendinis suis prædictis, prout hactenùs ipsi hæredes et successores facere consueverunt.

Item quod si dicti liberi vel sui hæredes aut successores reponerent aliquo tempore de vinis vel bladis suis propriis seu crescentibus in suis possessionibus sibique debitis de redditibus vel decimis in quoquo loco seu domo prædictæ villæ Viviaci, quod propter hoc non possit fieri eisdem aliqua impositio, vel gabella seu exactio, vel servitus aliqualis ab ipsis exigi vel imponi eisdem occasione cujusvis accidentalis casus vel eventus.

Item est actum et in pactum expressum deductum pariter et conventum inter partes prædictas una simul ad invicem in transactione et compositione præsenti, quod mediantibus infra scriptis et occasione ipsorum et in eorum recompensationem dictus Dominus Comes tradere, expedire et deliberare debeat dictis liberis, seu præfato domino Rodulpho, tutore et tutorio nomine dictorum liberorum, nomineque dictæ Dominæ Margaritæ, in quantum quemlibet ipsorum concernit, pro ipsis et successoribus ipsorum perpetuo viginti libras Lausannenses redditus per annum, cum directo dominio rerum pro quibus et super quibus dicti redditus debenur absque aliqua alia jurisdictione vel seignoria quam directo dominio supra dicto et ipsas viginti libras Lausannenses assignare et assecurare debeat eisdem in de et super redditus quos idem Dominus Comes habet et habere potest infra parochiam Mustruaci et infra jurisdictionem dictorum liberorum a medio ponte de Mustruaco usque ad rivum de Burijez, et omnes et singulos redditus, exitus, laudemia et venditiones et cætera eidem Domino Comiti qualitercumque debita tam homines dictorum hominum et alios homines suos, quam alioscumque infra dictos confines commorantes et qui in posterum habitabunt et ipsa viginti libras terræ dicti liberi et ipsorum perpetui successores tenere debent de feudo ligio dicti Domini Comitis et suorum et sub homagio ligio per modum inferius declaratum, videlicet quod ipsi liberi teneantur dicto Domino Comiti et suis perpetuis successoribus, tam pro feudo castri villæ et pertinentiorum Serratæ quam pro feudis quæ tenent in parochia et finibus parochiæ Mustruaci et Viviaci ad duo homagia et duas fidelitates, videlicet ad unum homagium et fidelitatem ratione castri, villæ Serratæ et ad aliud ratione feudorum quæ habent et tenent ac possident in parrochia Viviaci et Mustruaci; ita quod si et ubi contingeret in futurum, quod unus dictorum filiorum aut liberorum suorum naturalium et legitimorum ex ipsis descendentium ingrediretur monasterium vel religionem aliquam, vel moriretur, ita quod super non esset nisi unus secularis, quod eo casu unus teneat totum feudum et omnia feuda supradicta et ad unum duntaxat homagium et fidelitatem ligiam dicto Domino Comiti teneantur, quoties vero supererunt duo vel plures, eo casu ad duo homagia et fidelitates ligios dicto Domino Comiti et suis successoribus perpetuo ipsis viventibus teneantur; si vero nulli extarent vel remanerent liberi in posterum naturales et legitimi ex ipsorum propriis corporibus descendentes, sed contingat eorum hæreditatem ad extraneos devenire, eo casu ad duo homagia ligia ipsi extranei dicto Domino Comiti et suis successoribus perpetuo propter ea teneantur, quod quidem assecamentum et assignationem dictarum viginti librarum Lausannensium faciat et facere debeat dicto tutori, nominibus prædictis, vice et nomine præfati Domini Comitis, videlicet Dominus Humbertus de Columberio, Ballivus Vaudii, Consiliarius dicti Domini Comitis, et Aymonetus Mercerii, receptos extentarum suarum de redditibus ipsius Domini Comitis infra limites prædictos consistentibus, et si infra prædictas limites non reperiantur redditus ad dictum Dominum Comitem spectantes usque viginti librarum prædictarum, eo casu supplere debeant ipse Dominus Humbertus de Columberio et Aymonetus, de aliis redditibus propinquioribus dicti Domini Comitis usque ad complementum dictarum viginti librarum, et si forte inter dictos commissarios in facienda assignatione dictarum viginti librarum aliqualis forte discordia, obscuritas vel ambiguitas oriretur, vult ipse Dominus Comes quod Dominus Humbertus de Columberio, Ballivus suus Vaudii, talem discordiam et obscuritatem debeat declarare et debentes recognoscere faciat solvere et etiam respondere dicto tutori nominibus prædictis.

Item quod mediantibus omnibus et singulis supra dictis et occasione ipsorum et in ipsorum recompensationem prædictam dictus dominus Rodulphus, dominus de Langino, tutor et tutoris nomine dictorum Nicodii et Aymonis, pupillorum suorum, nec non vice et nomine præfatæ Dominæ Margaritæ d'Oron, eorundem pupillorum matris, in quantum ipsos et ipsorum quemlibet concernit et ad eos pertinet et pertinere potest, dedit, cessit et concessit, mandavit et transtulit, dat, tradit, cedit, concedit, mandat et transtulit vigore et ex causa transactionis et compositionis præsentis pro se et suis hæredibus quibuscumque et successoribus quibuscumque dicto Domino Comiti, stipulanti et recipienti pro se et suis posteris malibus et femellis universis, videlicet totum merum et mixtum imperium et jurisdictionem omnimodam, altam mediam et bassam et omnimodam gladii potestatem et ipsorum meri et mixti imperii, juridictionis omnìmodæ, rationes, jura et emolumenta quocumque quod et quam dicti mater et filii habent, habere debent et usi sunt habere et percipere consueverunt et habere possunt, quibus vis titulis, rationibus seu causis in tota villa et parrochia Viviaci et in quoscumque homines habitantes ibidem, seu civiliter vel criminaliter delinquentes qualitercumque et quomodocumque infra terminos et fines villæ et parrochiæ supradictæ, se et tutorio nomine prædicto et vice et nomine dictæ Dominæ Margaritæ, in quantum ad eam pertinet devestiens, eundem Dominum Comitem per traditionem præsentis, realiter investivit et in possessionem realem vacuam et pacificam induxit et posuit corporaliter, salvis et reservatis eisdem filiis et matri et cuilibet ipsorum in quantum quemlibet ipsorum tangit et tangere potest, videlicet laudemiis, venditionibus, tesiis eisdem solvi solitis, savateria, arseria, spumeria, sanateria per eos levari solita; et jure quod habent in et super pedagium Viviaci quæ sibi et suis perpetuo reservaverunt; constituendo se, quibus supra nominibus, ea omnia et singula ad opus ipsius Domini Comitis et suorum tenere et possidere precario nomine, donec et quousque ipsorum omnium possessionum acceperit corporaliter quam adipiscendi et sibi et suis perpetuis successoribus retinendi. Idem tutor quibus supra nominibus dicto Domino Comiti dedit plenam auctoritatem et licentiam nullius alterius personæ vel judicis licentia penitus requisita ; salvis superius reservatis nihil juris, actionis, proprietatis, possessionis Dominii vel dreituræ in ipsis penitus retinendo, sed in ipsum transferendo et translata esse vult et intendit ea omnia per modum superius nominatum.

Item est actum et in pactum deductum pariter et conventum in transactione et compositione præsenti inter dictum dominum Comitem et tutorem prædictum, tutorio nomine quo supra, quod dicti liberi et ipsorum perpetuo successores et eadem Domina Margarita in quantum ad ipsos et ipsorum quemlibet pertinet, teneant et tenere debeant, capereque, reprendere et recognoscere debeant de feudo ligio dicti Domini Comitis et suorum et sub homagio et fidelitate ligia prout supra ex nunc perpetuo capit, recognoscit et reprehendit omnes et singulos exitus, fructus, redditus, servitia, usagia ad ipsos liberos et matrem pertinentia qualitercumque infra villam et parrochiam Viviaci, una cum universis et singulis aliis rebus, possessionibus, juribus et bonis quæ et quos dicti liberi et mater habent et habere possunt conjunctim vel divisim in tota villa et parrochia Viviaci, et ea recognoscere et specificare, esse et debere esse de feudo ligio dicti Domini Comitis et teneri ab inde perpetuo ab ipso et suis sub homagio ligio per modum et formam et secundum quod et prout superiùs declaratur, retento et reservato eisdem liberis et matris et suis perpetuo successoribus, quod ipsi mater et filii et sui hæredes et successores nonobstantibus prædictis, habeant et habere debeant perpetuo directum dominium in feudis emphiteosibus, rebus et bonis omnibus quæ tenentur et moventur ab ipsis ubicumque sint in villa et parochia dicti loci Viviaci.

Item quod cognitio feudorum emphiteosium, rerum et bonorum suorum et suorum hæredum et omnium et singulorum rerum quæ tenentur et moventur ab eisdem in loco et parochia prædictis ad ipsos et suos successores et hæredes pertineat et pertinere debeat ab inde perpetuo tantum, quam cognitionem ipsi et sui successores facere possint et eis liceat in domo sua forti dicti loci Viviaci, vel extra ipsam domum ubi voluerint infra scilicet dictam parrochiam et locum, et hoc secundum consuetudinem patriæ et loci Viviaci, scilicet et duntaxat dictam cognitionem facere possint et debeant eisque liceat in domo et locis prædictis pro facto ipsorum proprio et pro ipsis et sua jura et negotia tangentibus et concernentibus, tantummodo appellationes vero emittendæ et fiendæ a dicta cognitione seu obligationibus ut supra fiendis ad dictum Ballivum Chablasis et Gebenensis ibi constitutum specialiter et constituendos in futurum per dictum Dominum Comitem et suos hæredes et successores pertineant et decernantur, et . . . . ipsum et alios ad quos debent et consueverint in Sabaudiæ Comitatu . . . . et devenire et retento et reservato etiam jure directi dominii et servitii et consimili jurisdictione et seignoria, quas Johannes de Blonay, domicellus, retinuit in feudum et emphyteosim suis et in traditione facta dicto Domino Comiti de juridictione quam habebat in villa Viviaci, per instrumentum receptum per Guillermetum Genevensem notarium, quam jurisdictionem et seignoriam in prædictis feudis eisdem matri et liberis idem Dominus Comes consimiliter per omnia reservavit.

Item est actum et in pactum deductum quod dictus tutor, tutorio nomine prædicto, facere et procurare debeat cum effectu, quod dicta Domina Margarita prædicta omnia et singula laudare, ratificare et homologare debeat cum promissionibus, juramentis, juribus, renunciationibus et aliis juribus solemniter opportunis quam primum per dictum Dominum Comitem vel suos extiterit requisita; et dictus Nicodus et Aymon similiter ratificabunt et homologabunt, approbabunt et etiam confirmabunt prædicta omnia in omnibus suis capitulis atque punctis, cum præmissis juribus, obligationibus et aliis juribus solemniter opportunis quam primum venerint ad tempora publicatis et ipse Dominus Comes vel sui eos super his duxeri requirendos et donec ipsi liberi ratificaverunt supra.

(Signatum Privati, cum parapha.)

22

Hommage lige par Jordan de Mura, chevalier, à Pierre d'Oron, conseigneur de Vevey.

1280, mois de juillet [1].

Nos Jordanus de Mura, miles, notum facimus universis quod nos tenemus et confitemur tenere in feodum a nobili Viro Petro de Oron, condomino de Viviaco, omnia inferius adnotata: videlicet mistraliam parrochiæ de Mustruez cum appendiciis ejusdem; Item domum nostram de Mura; Item vineam nostram, sitam subtus dictam domum; Item vineam nostram de Vigney, dictam dou Bugnon; et quidquid nos vel altero nomine nostro habemus vel tenemus apud Clarens;

[1] Vidimus du 26 septembre 1746.
Nota. (On a omis de placer cette charte en son rang de date.)

Item omnia quæ Ambrosia, soror nostra, vel ejus hæredes tenent aut possident in villa et territorio de Clarens et quidquid tenetur a dicta sorore nostra vel ejus hæredibus in dicta villa de Clarens. Et quidquid habemus vel tenemus apud Plancham et quidquid illi de Plancham tenent a nobis. Item quidquid habemus vel tenemus nos vel altero nomine nostro apud Brent; Item quidquid tenemus vel habemus apud Verney et apud Ponney, vel altero nomine nostro. Et quidquid nos vel altero nomine nostro tenemus vel habemus in locis et territoriis supra dictis. Et quidquid habitatores dictorum locorum tenent a nobis; Item mistraliam de Viviaco quam a nobis tenent hæredes Johannis Mistralis; Item vineam quam tenent hæredes Wullielmi Albi, sitam in alta villa; Item vineam quam hæredes Berthoudi Vezchin tenent ibidem juxta vineam prædictam; Item vineam quam ibidem tenent li Morlant; Item feodum Petri de Fechye; Item medietatem linguarum quæ recipiuntur apud Viviacum in die fori; Item medietatem vendarum dicti fori; Item duas partes rivagii quod recipitur in foro; Item collecturam cavaleriæ de Viviaco, de qua cavaleria percipimus et habemus medietatem, et in alia medietate habemus una pars otularum pro dicta collectura. Hæc omnia supra dicta sunt de feodo dictæ mistraliæ de Mustruez. Et pro dicto feodo nos recognoscimus esse homo ligius dicti nobilis et debere eidem nobili septem libras Lausannenses, in mutatione domini vel vassali de placito. Et quidquid plus posset reperiri de dicto feodo, totum confitemur esse de dicto feodo. In cujus rei testimonium, quia sigillum non habemus, rogavimus Viros venerabiles dominum Officialem curiæ Lausannensis et dominum Cononem, Curatum de Viviaco, ut sigilla sua præsentibus apponant. Et nos prædictus Officialis sigillum dictæ curiæ, ad requisitionem et preces dicti militis apposuimus huic scripto una cum sigillo dictæ curiæ. Datum anno Domini millesimo ducentesimo octuagesimo, mense julii, et Dominica post festum beati Jacobi Apostoli.

(L. S.)

ÉBAUCHE

D'UNE

TABLE GÉNÉALOGIQUE

DE LA MAISON DES

SIRES D'ORON

NOTES DU TABLEAU I.

[1] Cartulaire de Hautcret, Nº 84.

[2] Fond. de la *Villeneuve* à Vevey, 1236, et Cart. de Lausanne, pag. 385.

[3] Titre de Hauterive de 1248, cité par *Castella* mss. (Voir [5].)

[4] Titre de Hauterive, *Notes généal.*

[5] D'après un acte de donation au couvent de *Hauterive*, cité par *Castella* (*Notes généalogiques*), sous l'an 1248, dans lequel paraissent tous les enfants vivants, ainsi que la veuve de *Rodolphe I, seigneur d'Oron* (déjà mort à cette date, si celle-ci est exacte), à l'exception de *Wullierme, chevalier, l'aîné* des six fils du défunt; on doit en conclure que celui-ci était absent, et qu'il mourut bientôt après sans lignée et avant le partage de l'héritage paternel, la seigneurie *d'Oron* et la coseigneurie de *Vevey* ayant passé à Rodolphe II, troisième fils de Rodolphe I.

[6] A la suite de l'acte du 28 mars 1267, concernant l'échange fait entre le *comte Pierre de Savoie* et le *sire de Blonay*, de l'*Avouerie de Vevey* contre la *seigneurie de Font*, on lit ce qui suit :

« Petit Johannes de Blonay quod dominus (*comes Philippus*) præcipiat *Petro de Oron* et *Rodulpho, filiis quondam Rodulphi de Oron*, quod ipsi faciant patri suo Domino de Blonay, talia usaggia et homaggia qualia debebant Domino Petro de Sabaudia, quondam Comiti, ratione vicecomitatus et majoriæ Vivesii et Turris, dicti Rodulphi quondam. » (*Vidimé de Cottalordo*, archiviste de Turin, comme au précédent Nº 15, pag. 107.)

Ce passage, qui a été omis dans la copie originale de la charte publiée parmi les *Monumenta* de Turin (tom. I Chartar. col. 1475 et dans les *Preuves de Wurstemberger*, tom. IV, pag. 400, Nº 724), forme le complément des mots *liberorum Rodulphi, quondam de Oron* de la charte principale, et sert de preuve directe que *Pierre d'Oron*, coseigneur de *Vevey*, et *Rodolphe III*, seigneur d'*Oron*, étaient *frères* et tous deux *fils* de *Rodolphe II*, frère puîné de Wullierme III. (Voir note [5].)

NOTE DU TABLEAU III.

[1] Eléonore (soit Elyone) de La Palu-Varembon (fille de Pierre de La Palu et d'Eléonore de Cossonay?), veuve de Jean d'Oron, chevalier, coseigneur d'Attalens, épousa noble Jean de Mont, dont elle avait, en 1374, un fils, nommé Arthaud.

Tableau II

GIRARphe IV.
leau N° III.)

Henri I.
(Voyez Tableau N° IV.)

E VI d'Oron, 1333.
femmens et d'Arconcier.
8 mai et le 11 octobre 1349.
(soit LUCÈTE) de Gruyère.

) de Bossonens.
ire de La Sarraz, chevalier.
nus) de Cossonay, donzel.
r (dominus) de Challand
sa femme, 1389, 1395 (10 avril).
r de Nicod et d'Aymon,
s fils du premier lit.

TABLEAU III.

ERITE d'Oron, condame de Blonay,
seigneur (e 1° AMÉDÉE de Blonay, chevalier.
D de Châtillon, chevalier ; 1342, 1360.
igneur (dominus) de Montsalvens, 1363.

1° CATHERINE,
cl
2° ÉLÉ(

Franc
cède en
ses d
†

TABLEAU IV.

Jocel
CATHERINE,
coseigneur (digieuse au couvent de Chapelle, 1349.
† sans

ADDITIONS ET RECTIFICATIONS.

Page 4, ligne 18, Table *Theodisiène*, *lisez* Table *Théodosienne*.

Page 5, note 3, nant, cascade, etc., *lisez* Nant = (Vallis) vallée; Nantuates = (Vallis incolae) habitants du Vallais.

Page 7, lignes 6 et 9, et page 11, ligne 1 d'en bas, Pennelocus, *lisez* Pennilucus, qui est le nom latinisé du gaulois ou celte *Penn-loch*, tête du lac.

Page 16, note 3, humanos, *lisez* nummos.

Page 17, notes, la Valéné, *lisez* Valérie.

Page 28, note 2, l'an 1231, *lisez* l'an 1246.

Page 33, note 2, en stat., *lisez* et stat.

Page 39, ligne 2 d'en bas, Tour au Chantre, *lisez* Cour-au-Chantre.

Page 42, ligne 5, en 1310, *lisez* en 1309.

Page 49, note 2, Nec, *lisez* Haec.

Page 64, ligne 7, *lisez* au bourg de la ville neuve de Vevey.

Page 71, ligne 10, banals, *lisez* banaux.

Page 72, note 3, Marguerite, Jean de Duyn, *lisez* Marguerite épousa Jean de Duyn.

Page 75, note 3, infuronis, *lisez* in furnis.

Page 79, ligne 8, Monasteriolo, *lisez* Monasteriolum.

Page 79, ligne 2, N° 1, *lisez* note 1.

Page 80, ligne 14, en 1310, *lisez* en 1309.

Page 81, ligne 14, leurs filles, *lisez* leur fille.

Page 87, ligne 25, lui semblera, *lisez* leur semblera.

Page 94, ligne 4, d(omni)natus, *lisez* dominatus.

Page 94, ligne 6, Lodico, *lisez* Lodoico.

Page 94, ligne 9, romani. *lisez* romani,

Page 94, ligne 13, quelconques, *lisez* quelconque.

Page 104, ligne 15, Raronda, *lisez* Rarogne.

Page 107, ligne 13, banno, *lisez* bannum.

Page 122, ligne 9, Agidii, *lisez* Ægidii.

Page 124, ligne 1 d'en bas, permutere, *lisez* permutare.

Page 127, ligne 18, *condomine*, lisez *condomini*.

Page 128, ligne 1, quas, *lisez* quae.

Page 128, ligne 13, a contra, *lisez* e contra.

TABLE DES MATIÈRES

Check Out More Titles From HardPress Classics Series In this collection we are offering thousands of classic and hard to find books. This series spans a vast array of subjects – so you are bound to find something of interest to enjoy reading and learning about.

Subjects:
Architecture
Art
Biography & Autobiography
Body, Mind &Spirit
Children & Young Adult
Dramas
Education
Fiction
History
Language Arts & Disciplines
Law
Literary Collections
Music
Poetry
Psychology
Science
…and many more.

Visit us at www.hardpress.net

Im The Story

personalised classic books

"Beautiful gift.. lovely finish.
My Niece loves it, so precious!"

Helen R Brumfieldon

UNIQUE GIFT

FOR KIDS, PARTNERS AND FRIENDS

Timeless books such as:

Kids

Alice in Wonderland • The Jungle Book • The Wonderful Wizard of Oz
Peter and Wendy • Robin Hood • The Prince and The Pauper
The Railway Children • Treasure Island • A Christmas Carol

Adults

Romeo and Juliet • Dracula

Highly Customizable

Change Books Title

Replace Characters Names with yours

Upload Photo (for inside page)

Add Inscriptions

Visit
ImTheStory.com
and order yours today!

FCW - #0004 - 061026 - C0 - 229/152/11 - PB - 9780461800036 - Gloss Lamination